Documentary《ドキュメンタリー》

Superfly 越智志帆

Shinchosha

はじめに

　私の本が発売される。しかも、写真集やアート本ではなく、私の文章や普段考えてることでみっちり埋め尽くされた一冊のエッセイ集です。人生の中で、完全に予想していなかった出来事です。こんなことってあるのですね。

　考えれば、人生は予想もしていないことばかりかもしれません。まだ四十歳にもなっていない人間が人生語るなんて少々生意気ですが……。特に大人になってからの日々（デビューしてからの日々）は、毎日がドッキリサプライズの連続で（もちろん今でも！）必死で受け止めて消化して……なかなか激しい毎日が繰り広げられてるように思います。

デビュー前に予想していたことといえば、ライブや歌番組で歌うこと、レコーディングをすること、インタビューを受けること……以上！

このくらいのイメージだったと思います。

今ではたくさんの機会に恵まれていますが、意外と想像していなかったことは「主題歌を書くこと」かもしれません。

私の実家は愛媛のど田舎にあります。小さいころからテレビを見る習慣があったのでドラマはよく見ていました。次週が楽しみになるようなワクワクする作品が多かったし、学校でも「あれ見た～？　あのドラマの曲いいよね～～～」なんて話題になっていました。なので、ドラマと主題歌がセットであることはかなり認識していたはずなのに、自分が主題歌を歌うシンガーになることは想像していなかったんです。

ドラマの主役は歌ではないので、ドラマのメッセージを引き立てるような曲を作らなければなりません。でも、ドラマが最終回を迎えても Superfly の曲として来月も、来年も、ずっと歌い続けていけるものにしたい。ドラマに寄り添いすぎず、自分だけのものにもしない。この程よい距離感を探るのが毎回大変です。ドラマの内容に共感しすぎたり深読みしすぎたりして、歌詞でドラマの最終回のメッセージを表現してしまってダメだしをされたこともありますし、全く関係のないことを書きすぎてダメだしをされたこともある。泣きながら作詞したことも何度もあります（そして、泣いたら謎のフロー状態になって歌詞がスラスラ書けるのです……しんどい……これやめたい）。

実は、自分だけの作品を作る時より、こういった異なるジャンルの何かの作品に参加して曲を作る方が好きだったりします。

スタッフから「主題歌のオファーが来てる」と教えてもらうと、体の奥の方から熱い何かがゴォーーーッと押し寄せてきます。武者震いとでもいうのか、なにか言葉で説明しようとすると難しいのですが、とにかく私は燃えて燃えて燃えまくる。

誰かの作品に参加する時は、スタッフの一員として作品を支える立場で関わる。

どうやらそのポジションは性格に合っているようです。自分のためだけに料理するより、誰かのために料理する方が想いを込められるのと似てるのか……。もちろん自分の作品のためだけに作る時も、聞いてくれる人のために極上の楽曲を作るぞという気持ちで臨んでるけど、人様の作品に参加する時は、「作品を盛り上げたい！」「喜んでほしい！」「Superfly に頼んでよかった！ と思ってもらえるものに！！！」というある意味過剰な責任感でピリッとシャキッとするのかもしれません。

ところが最近、自分の現場でも似たような感覚を抱きました。

それはデビュー十五周年の記念ライブ、三年ぶりのライブパフォーマンスの現場でした。

ライブでは私が主役をビシッと務めなければいけないはずです。スタッフのみんなに支えてもらう立場です。ですが、今回はスタッフの一員のような気持ちで臨みました。こんなことあるの〜？

なぜかというと、今回は演出家さんに演出のすべてをお任せして、私はあくまでアイディアを出すだけにする、という形だったんです。といっても今までもずっとお仕事してきたチームなのですが、今までのライブは、与えられた空間で私はどうパフォーマンスをするのか?! と一緒に演出のことを考えるのが楽しかったんです。でも今回は演出家さんが、映像や舞台デザインなどはもちろんのこと、どの曲で私がステージのどこを歩くか、など、フォーメーションのとても細かいところまで俯瞰で見て考えて全体を統率してくださったのです。演出家さんのキャラクターもあって、現場は終始明るく、いいものを作ろう！ という空気が流れてました。大勢で何かを成し遂げるときに誰がリーダーになるかってほんと大事！！！（私はあんまり向いてない！ 笑）

びっくりしたのが、環境が変わっただけで、歌への集中力が高まったんです。ステージが大きくなればなるほどステージにいる自分を俯瞰で見るのは難しいもの。なので信頼できる目が必要なんですよね。監督のような存在がいると、自分がやってるパフォーマンスの良し悪しも判断してもらえるし、安心して歌に集中できるんだなと思いました。監督が目指すステージを実現すべく、一人の演者として自分のパートに集中して頑張る。監督がイメージする以上のパフォーマンスをするのが演者の仕事だし、「驚かせたい！」「喜んでほしい！」「いいもの作りたい！」「Superfly、やるな！」そんな風に手応えを感じてほしい！　なんだか主題歌を担当した時のように、体の奥の方からゴォーーーーーと熱いものが湧き上がるのです。

こんな気持ちの変化があってから、そもそも私は主役という役をやっているだけで良くて、私が監督のように中心にいてすべてを統率しようとしなくてもいいんだ……と思えたのです。なんて幸せなことでしょう。

この環境の変化のおかげで、本当にのびのびと歌うことができて、三年間というブランクを感じない一日となりました。

周りから見れば、主役を張ってるように見えるかもしれないけど、私は脇役でいるのが好きなんです。自分の力が発揮されるのって、縁の下の力持ち、の時ではないかと思っています。

アーティストという仕事は時に孤独です。自分のために大勢が関わってくれると思うと弱音を吐いてはいけないと思うし（いや、だいぶ吐くけど）、いつだってモチベーションを高く保っていないとダメだとも思います。どこか超人でいなきゃとか、Superflyとして仕事してる時は、常に神輿《みこし》に担がれてる状態じゃなきゃダメだ、と自分にプレッシャーをかけてました。

それはデビュー前からなんとなくイメージしてたこと。

でも十五年経ってみると、孤独になる必要なんてないんじゃないかなと感じてます。

私は主役をやってるだけで、主役ではない。

そう思えると不思議と周りにいろんな人がいてくれるのを感じます。

ミュージシャンのみんなはこんなに温かかったんだ。スタッフのみんなも、めちゃくちゃピュアで熱い。私が神輿から降りた瞬間に、私の身の周りには助けてくれたり、一緒に悩んだりしてくれる人がいたことを改めて実感できて、感動しています。

不思議な言い方かもしれませんが、社会の一部になれた気さえします。

アーティストは特別なんかじゃない。

ひとりなんかじゃない。

長く続いてたトンネルから少し抜け出せたような気分です。

十五年活動してると、こんな気持ちを味わえるなんて、これまた予想していなかったこと。

二十年、三十年と続けた先に、どんな気持ちに巡り合えるのかますます楽しみになっている今日この頃です。

これからもSuperflyチームのひとりとして。

社会の一部として。

世の中をもっともっと面白くできる人間でいたいです。

長い年月をかけて書いたこの本も、ちょっとでも元気が出たり、明るくなったり、あなたの毎日がより楽しくなるような一冊であることを祈ります。

縁の下の力持ちとして。

目次

Photo: Ryo Hanabusa
Hair&Make-up: Ryota Nakamura(3rd)
Styling: Shohei Kashima(W)

二〇二〇年七月から二〇二一年四月にかけて
「考える人」で連載した原稿に加筆修正を施し
書きおろしを加えました。

ドキュメンタリー

伝えるレッスン

初めましてSuperflyです。

こうして、表現の場をいただけてとても嬉しいです。

実は表現者のくせして、考えを言語化するのも、歌詞を書くことも、こうして文章を書くことも、とても苦手だし下手くそです。

それなのに、不思議。

私の人生、言葉と向き合ってる時間が長い。

そして、またしても書くというご縁をいただきました。

これから先、新しい自分に出会えると信じて、不安ながらもこの言葉の世界に飛び込んでみようと思います。

Superflyとして活動して十三年ほど経ちました。十年以上続けてると、それなりに変化も進化もしてきたつもりですが、みなさんのイメージするSuperflyは、一体どういうものなのでしょう。昔は特に、パワフル！　とか、声量すごい！　強くてポジティブ！　とか、アスリートのようなイメージを持たれることが多かったように思います。

確かにそうですよね。ロックチューンを歌う時なんて、すごい顔して歌うし、ライブ中はじっとして歌うことができず、ステージ上を右へ左へ無駄に駆け回っていたし、身体全体で表現しようとするあまり、マイクを持っていない方の腕は鳥のようにパタパタ羽ばたかせながら歌う。そして声量もある。

自分の声の大きさに私自身が驚くくらいです。本人がびっくりするくらいだから、見たり聴いたりしてくれる人たちはどう感じてるんだろう。

パワフルなイメージを持たれやすい私ですが、実は歌を歌っていない時間、ステージに立つ時間を取り除いた暮らしをしてる時の私は、別人に近いかもしれません。

基本的にコミュニケーションをとるのが不得意で、怖がりで家好き。大きな音は苦手で、喋り声はとても小さいです。レストランで食事してても、周囲の人の話し声や食器の触れ合う音などに、私のモゴモゴした声は完全にマスキングされています。そういう意味で個室の存在はありがたい。誰かに声をかけられるから、なんて理由ではなく、小さな声が届くからです。個室は私の味方。そして、少人数が好き。

今となっては、こんな冴えない自分を好きでいられてますが、つい最近までコンプレックスの塊でした。

もしかするとそれを払拭したくて、パワフルで、元気よく、を装っていたのかもしれません。

　ということで、小心者の私が人前で歌うなんてことは、本当は向いてないんです。

　ツアー前や、テレビ出演の前になると、とにかく腰が重くなる！（笑）失敗したらどうしよう……歌詞間違っちゃったらどうしよう……声が続かなくなったらどうしよう……とか。キャリアを積めば積むほど、アクションを起こす前に心配事だけが山積みになって、膨れ上がるその大きさに怯む。そして私の脳みそはフリーズしてしまう……。本番になったらいい意味で諦めがついて、マイナスだったエネルギーは全てプラスのエネルギーにひっくり返る。

　とにかく、振り子のように感情が大きく揺れるんです。

　デビューからの日々、正直「辞めてしまいたいな……」という気持ちが、何度も何度も頭をよぎってきました。

　でも……何故か辞められないんです。

　弱音は何度も吐いたことがありますが、誰かに引き止められて、説得されて続けてきた、というわけでもありません（多分）。

お仕事がたまらなく大好き！　という方は、天職と言われる仕事に出会えたということなんでしょうね。

好きだから頑張れる、とても理想的な働き方で羨ましい。

でも仕事って、みんながみんな得意なことをやってるわけじゃないですよね。

好きだけでやってる人も少ないと思う。

他人から見れば、私の仕事も得意なことを見つけて続けているように映っていると思うのですが、実は、ほとんどのことが苦手なことばかり。

ではなぜ、こんなにも大変に思うこと、私には不向きだな、なんて思うことを、わざわざ続けているんだろう。

そもそも何で歌ってるんだろう。

時間ができると、自分に問いかけてみるんです。

考えはするけど、明確な答えがあるような、ないような……。

私が幸運だったのは、驚くほど身体が頑丈だということ。そして、両親から声帯という繊細な楽器をプレゼントしてもらったということです。私の歌声は子供の頃から太く伸びやかで、歌うには良い条件が揃っていたと思います。

これは先天的なもので私の努力によるものではないのが、内心複雑なところですが……（苦笑）。

何も考えずに歌ってる時は、とにかく気持ちが良かった。人の曲でもいい。自作のデタラメ英語みたいな曲でもいい。いやいや、むしろ言葉なんてない方がいい。例えばラララ〜♪とか、ア〜♪だけで、言葉にならない想いをメロディに託して、声を身体中に響かせるだけで、心がフワッと軽くなり、何かが空中に溶けるように消えて、癒えていくのがわかるんです。

でも、この〝楽器〟を気持ちよく鳴らせば誰かを感動させて心に伝わる歌が歌えるかというと、そうではありません。

大切なのは、「伝える力がある」かどうか。

うっすら気づいてたけど、このポイントを自覚したのは、つい最近でした。

デビュー前からスタッフに勧められて書くようになった歌詞。ミュージシャンやスタッフとのコミュニケーション。

歌う、という本来とても感覚的でシンプルな行為には、心の中をさらけ出したり、説明や意思表示が必要なのです。歌に言葉なんてなくたっていい、なんて思ってた私にとって、デビューしてから直面した現実はもう本当に苦痛の日々……。

普段も自分の話をするのが苦手で、特に人の話を聞くのが苦手な人とのコミュニケーションなんて、翌日まで引きずるほど疲れるのに、伝え合うって、なんて面倒なんだ!! 人間だって動物なんだから、テレパシーでも使って感じ合うことはできないものなのか！ と思うこともあります。

とはいえ、殻に閉じこもって孤独に浸りたいわけではありません。
伝わらない、心がすれ違うというのは、むしろ私にとって一番悲しいこと。
初めて人前で歌って、拍手をもらった時のあの痺れるような感動。
私という存在を許してもらえたかのような温かな喜び。
全く違う人間だと思ってた誰かと、心と心が一つになれる。
なんて素晴らしいことなんだろう。

素晴らしいとわかってるからこそ、叶わないと苦しい。

両親からは、声帯という気持ちを伝える手段を与えてもらったけど、私はまだまだ、ちゃんとした歌を歌えていないような気がする。
伝える力を持つことができて初めて、両親からもらったプレゼントをほんとうに活かせるように思うのです。

伝えるということ。それは今までもこれからも、私のテーマなのかもしれない。

そんな風に考えていた矢先、このエッセイのお話をいただきました。

私は、あれこれよく考えます。そして、何かを発見したり、気づいたりするのが大好き。生きてる！　って感じる！

今までは、心の奥の方にひっそりとしまったままにしていましたが、日々感じたことをこうして言葉にしてみます。

伝えることに、真正面から向き合ってみようと思います。

ふ〜。この原稿を書くのでさえ、何日もかかってしまった。

でもこれが、心と心が繋がるための「伝えるということ」なのであれば、なんていい時間なんだろうと思う。

ご褒美デーと真っ白な場所

アーティストや歌手の方が歌番組の生放送で歌唱したり、何万人ものオーディエンスの前でパフォーマンスしたりするのを観ていると、普通にすごいなーって思ってしまいます。あなたもそれ、やってるでしょ？　って言われたら、もちろんそうなんです。でも、例えばテレビの中で堂々と歌い切る人たちを観ていると、全然緊張しないのかしら？　なんでそれができるの？　って信じられないような気持ちになっちゃうんです。

何を隠そう、私、すっごく緊張してしまうんです。

プロなんだから、できるでしょ？

みなさん、そんなふうに思ってますよね。でも考えてみてください。〝プロだから〟できるってことはないんです。〝プロだから〟っていうのは魔法の言葉みたいなもので、自分はできると信じ込ませるためのおまじない——私はそう思ってるんですけどね。

テレビにしろ、ライブにしろ、何回やっても緊張しないということはありません。むしろ、経験を積めば積むほどそのハードルは上がっていくというのが私の実感です。デビューした頃は、それほど緊張を感じることはなかったんです。というのも、まだ私のことを全然知らない人がほとんどで、だからパワーを前面に押し出してガンガンやるだけでよかった。「わっ！」って驚かしたら、「わっ！」ってみんな驚いてくれたんです（笑）。でも、同じ手って二回も三回も使えませんよね。それにだんだん Superfly ってこんなアーティストっていうのが浸透していき、あの曲を歌っている人ねっていうのがわかってくる。そうすると、最初の「わっ！」のインパクトはどんどん薄まっていき、それを超えるためにあの手この手を使って驚かせなきゃいけなくなるわけです。

そっか。だから緊張するんですね。書きながらわかりました。

お客さんが期待する自分を見せなきゃいけない一方で、お客さんが知らない自分も表現しなきゃいけない。つまり、それまでの自分を超えて行かなければいけないわけです、常に。そこは私にとっても未開の領域だから緊張するんですね。

先ほどの〝プロだから〟を使わせていただくなら、〝プロだから〟緊張するんです！（いや、威張ることではない）

ごく稀に、「超越している日」というのがあります。

朝起きた時から目に入るものが違って見えるというか、例えば空を見たら「きれい！」ってめちゃくちゃ感動するんです。でもたぶん、いつもとそんなに違わない空のはずなんです。何かを食べて「おいしい！」（いつも食べてる）、何かをしてもらって「ありがとう！」（いつもしてもらってる）、もう何も怖くない無敵状態。そんな日のライブは、それはそれはもう素晴らしい出来になります。

この状態を常に味わいたくて、いろいろやってみるんですけど、そこを目掛けても辿り着けないんですよね。その時の体調や天候などいろんな条件がカチカチッとパズルのようにハマった奇跡的な瞬間なのだと思います。だから私はそんな日のことを「ご褒美デー」と言ってありがたく頂戴するようにしています。三十本くらいある長いホールツアーで、だいたい二回くらいでしょうか、ご褒美デーが訪れるのは。意外と初日に巡り合うことが多いです。

初日に多いということは、きっとまだみんながセットリストや演出を知らないから、サプライズ起こせるぜ！　っていう無敵感なのかも。で、だんだん曲順や演出の一部が知れ渡っていくと、どうしよう……って焦り出すという（笑）。

とにかく、人より緊張しやすい私は、極力緊張しないように、想定外を避ける努力をしています。ルーティンで行動するのはもちろん、大事なのは余計なインプットをしないということです。例えば、ライブの前日に Netflix なんかでめちゃくちゃ落ち込むドラマとか泣けるドラマなんか観たらもう心はぐちゃぐちゃです。ただでさえ敏感になっている時ですから、感応する度合いが深くなっているんですよね。インプットするにしても、ただただ楽しいものとか明るいものだったらあまり心が乱れることはないので、そうしています。

やっぱりライブというものに対する自分の捉え方がある時から変わってきたというのが大きいように思えます。デビューしたての頃のとにかくこっちが押しまくるというものから、今ではお客さんとのコミュニケーションになっているなぁと感じます。音楽的なものというのは事前のリハーサルでもツアーを回りながらでも積み上げていくことができます。でも、お客さんのいるライブの場というのはその時その場所でまったく違ってくるのです。波動が全然違うんですよね。県民性もそうだし、個人個人で背負っているものも違うし——あ、別に見えるわけではないんですけどね（笑）——だから私自身の心の中に、そうした波動を受け止めるスペースがないとうまくコミュニケーションができないんです。昨日、すっごい暗い映画観ちゃったからちょっと今日は……みたいな状態だと、一瞬でお客さんに負けちゃう。そうじゃなくて、ちゃんとクリーンな状態で「さ、おいで——！」って向き合うんです。少なくとも私の場合はそれがライブにおけるマナーだと思っています。

そうやって、みんなで〝ある地点〟まで行きたいんですよね。

それは言葉にすると〝感動〟ということです。感動ってすごくないですか？例えばバラードを聴いたり、素晴らしい言葉に出会ったり、ということで感動するというのはわかるんです。でも、すごくハードでカッコイイ曲に打ちのめされることってあるじゃないですか。カッコ良すぎて泣けてくるというか。何かを超越した先にある感情が湧いてくるんですよね。だから、驚いた先に本当の感動ってあると思うんです。そしてそこは、真っ白な場所のような気がするんですよね。その手前の感動はいろんな感情があって、でも超越してたどり着いたその場所は、みんなが同じ気持ちになれるところなのでは？と。ライブでも曲でも、私はみんなとそこに行きたいんです。

ちなみに、私にはルーティンがたくさんありすぎるので、ひとつずつ減らしていきたいと思っています。ライブの直前に目がパチッとなるようなフレグランスを嗅いで、塩を舐めるというのもルーティンのひとつとしてあるのですが、ある時ステージに向かう直前に、何をどう勘違いしたのか、近くのスタッフさんに「海苔ちょうだい」って言ったことがありました（笑）。塩と間違えて。その時の動揺たるや！

そっかー、私はそうやって自分で墓穴を掘って緊張の渦の中に巻き込まれるのね……気をつけようっと。

二番目な私たち

ある日、娘二人を持つ友人が、子供の話をしてくれました。

お姉ちゃんが四歳で、妹は一歳。

夫婦ともに本当に明るく優しい人柄なので、娘たちはとっても伸び伸び楽しそうに育っているようです。

お姉ちゃんは天真爛漫で、妹が現れたからといって妙なジェラシーもなく、早くも器の大きさを感じます。妹は、胎児の時からワンパクな気配を醸し出していたそうですが、生まれてからもかなりワンパクらしいです。どうやら主張が強く、よく周りを観察していて鋭いらしい。

友人は、姉妹の性格の違いに、「大変だよー」と苦笑していました。

主張の強さ、観察力の鋭さ……。

私は二番目の彼女に同じ匂いを感じてしまったのです。


私は次女です。三姉妹の真ん中。

誰かの妹であり、誰かの姉でもあるという真ん中ポジションはとても気に入ってまして、どちらの立場もなんとなく理解できる一人二役感?!　ちょっとラッキーな気もしています。

ただ……真ん中ポジションは、どちらの気持ちもなんとなくわかる分、なんでも先読みしがちです。自由に生きてるように見えて、空気を読むアンテナがすぐ作動してしまって、意外とわがままを言ってこなかった気がします。好きなこと・やりたいことを迷惑がかからないようにやる。私はそういった、自由を突き抜けられないタイプ。そんな自分がたまにめんどくさくなって爆発しています

（笑）。

小さい頃から自分の性質についてよく考えてきましたが、最近になって、私の性格は中間子であるということよりも、生まれた順番によるものではないか??と思うようになりました。

二つ上の姉は、豪快でパワフルです。

とにかく好奇心旺盛で、チャレンジ精神とその突進力たるや凄まじいものがあります。そして感受性も豊か（感情移入し過ぎて現実に戻ってこれないので映画鑑賞は苦手だそうです。笑）。

体は一つしかないので、暴れるエネルギーをコントロールするのは大変で、疲れると電池が切れたように寝込んでしまうようです。やりたいことがはっきりとあるのは本当に羨ましい。

子供の頃から、とても器用な人でもあったと思います。五歳でピアノを習い始めて、音感もあったし、譜面を読んで正確に演奏するということも難なくできていました。字を書くのも上手だったなぁ。字が生きてるんじゃないかと感じさせるほど達筆。絵を描くのも得意で、モチーフが画用紙からはみ出そうなほど、これまた生命力のある作品を描きます。私は譜面を読もうとしてもチンプンカンプン。字を書いても、余白を取りすぎだよね？　と言われるくらい小さいし、絵を描いても「画伯！」と笑われてしまいます。「あんたは下手くそだね〜」と呆れられていました。同じ親から生まれても、こうも違うものかと、ため息が出る！

そして姉の一番の特徴は、越智家でひとりだけ社交的でサービス精神旺盛なのです。そのため交友関係も広く、彼女の興味は常に外に向いています。

内向的なタイプが多い越智家の突然変異。と私は思っています。

ケタケタ笑う姿がなんとも愛らしくて、姉が笑うと、家族が明るくなる。

越智家の長女は、とっても影響力のある人物。

とはいえ、妹からは長女ならではの苦悩も見えました。

両親にとっては初の子育てでピリピリした瞬間も多くあったはず。「お姉ちゃんなんだから我慢しなさい！」「ちゃんとしなさい！」そういうお叱りに姉はうまく反論できません。たとえ理不尽に思っても歯を食いしばりながら真正面から受け止め、ぐっと耐える。その素直で不器用なところが子供らしくて可愛らしい。

私はというと、叱られる姉の陰に隠れて周りの空気を観察し、「フムフム、あれをやれば逆鱗に触れるんだな」「謝るときは、こうしたらいいんだな」「私だったら論破してみせる！」など……分析力をメキメキと磨いていたのです（笑）。

姉と両親のやり取りを観察→分析→実践することで、私の家での行動は順調に要領がよくなっていったのです。

私は姉にとって、可愛くない妹だったと思います。

そんな憎たらしい妹とは距離をあけたかったのでしょう。わかりやすく煙たがられることもありました。その時は、ちょっと寂しかったな。

ある真夏の午後、私は母親にひどく叱られたことがありました（内容は全く記憶にございません）。母も、私のずる賢さに手を焼いていたこともあって、今回ばかりは反省させようと家から閉め出したのです。今じゃ考えられないですよね、炎天下に子供を庭に放り出すなんて……（笑）。母の凄まじい剣幕と、ピシャッ！　と勢いよく閉められた玄関の音に驚き、最初の数分は子供らしく「ごめんなさいーーーー！」とドアを叩いたり、泣き叫んでいましたが、しばらく経つと、きっとこれ以上泣いても仕方ないよな、と涙スイッチを切って木陰で休んでました（笑）。その姿を窓越しに見てた母はさらに腹を立てていたそうです（笑）。

姉は両親から特別な愛情を与えられていたと思います。それは厳しさで表現されることが多くて、気持ちのすれ違う様子は、そばで見ていて歯がゆかったなぁ。両親と姉の間には決して切れることのない強い絆があって、この完成されたムードを肌で感じ、邪魔してはいけないとさえ思っていました（空気読みすぎ）。それなりに彼女を羨ましく思うこともありました。二番目はなんでもかんでもお下がりです。ユーズドです（小さい頃ほど新品には縁がなく最初はいじけてたけど、おかげで古着が大好きになったので、かなり感謝しています）。

取っ組み合いの喧嘩をしたり、意地悪をされたことだって何度もある。

でも、不思議なことに、姉をライバル視したことも嫉妬したこともなければ超えたいなんて思ったこともない。

むしろ、何かに悩んでたら支えたいと思っていたし、コンプレックスに苦しんでいた時期には姉の長所をいっぱい教えてあげたりもしてたくらい。このエッセイを書きながら改めて気づいたのですが、私はものごころついた頃から、姉のことがとてもとても好きだったんだと思います。

私が、人生で一番最初に尊敬した人です。


デビューしてからの日々、ずっと不思議に思っていたことがあります。

私の仕事は、作品に順位をつけられます（主にリリース週ですが！）。

負けず嫌いなので、どうせなら一番を勝ち取りたい。願い叶って過去の作品で一位をとったことは何度もあります（みなさんありがとう！！！）。それなのに、いざ夢が叶っても全くピンとこない。

教えてくれたスタッフにも「へー、おめでとうございます！　良かったですね！」となぜか他人事。謙遜でもなんでもなく、体から喜びの感情が流れ出てしまうんです。

今回改めて姉について考えて、この長年のモヤモヤの理由にも気づくことができました。

私は「生まれた時から二番」です。姉への忠誠心なのか、二番の自覚が強すぎるのかもしれません。たとえ一番を取れたとしても、「私は永遠の二番なんだから」という気持ちが勝ってしまって、スッと受け入れられないようです。

このポイントに気づいてから、少し楽になれました。理由はどうあれ現状に満足できず、ついついストイックになって頑張れているんだとしたら、それはそれでいいこと。うまく喜べない自分に疑問を持つのはやめようと思えたんです。

冒頭で登場した友人の二番目の子供も、いつもお姉ちゃんのそばで安心して過ごしてる。頑張って自己主張してる姿も、とても微笑《ほほえ》ましい。

彼女にとっても、お姉ちゃんは最初に尊敬した人になるんじゃないかな。

いつか大きくなった時に、お姉ちゃんの好きなところを話してくれるといいな。

そして、二番目であることについて私と同じように戸惑うこともあるかもしれない。そんな日が来たら、この分析結果をアツく語ってあげたい。

時にずる賢く、時に空気を読み、自分を確立させる。

二番目な私たち、きっと仲良くなれると思う。

努力と才能、その奥にあるもの

何でも要領よく、ささっとやれちゃう人っていますよね。憧れたな〜。というのも私、その正反対だからです。

中学生の時にバレーボール部に入っていたんですけど、周りの子たちは、先生や先輩が教えてくれることをすぐにパーンとできちゃうんですよ、アタックでもサーブでも。ところが私の場合は、自分でとことんイメージして納得するまで時間をかけて考えたり身体を動かしたりしていると、ようやくある時できるようになっている、という感じなんです。すごーく時間がかかる……。

実は音楽でもそうなんですよ。みんなが簡単に理解できるのに、私だけ「え、わかんなーい」ってなることが以前は結構ありました（笑）。

どうやら私は、コツコツと時間をかけないと何かを習得できない、そういうタイプらしい。それがわかったのは、中学生の時でした。突然「勉強してみよう！」と思い立ったのです。それまで勉強にまったく興味を持てなかったのに自分でもびっくりですが、時々何かをやっている時にものすごい集中力を発揮している私自身がいることに気づいたんです。それで、この集中力をどうにか何かの役に立てられないものか？　と考えた結果、勉強をしてみたら先生や両親にも褒められるんじゃないかと思ってやってみることにしました。

勉強をしてみてわかったのは、その時には難しくて解けなかった問題も、時間が経てばできるようになっているということでした。あれだけヒーヒー言いながら苦労していたのに、数ヶ月先にはすんなりやれている自分がいる。成績もグングン伸びていきました。そっか、私はこうやってコツコツ続けることでようやく結果を出せるタイプなんだなとその時に気づいたのでした。

電車に例えると、要領の良い人たちが特急や急行だとすれば、私は各駅停車。行きたい場所はわかっているのに、どうしても各駅停車でしかそこへ行けない。しかも途中にある知らない駅で降りてブラブラ寄り道したりして（笑）。でもだからこそ気づけるものがあったり、楽しい出会いがあったりするんだよと自分に言い聞かせています。

そこで思ったのは、努力って何だろう？　ということ。

私が何かをコツコツやっていること、それは努力なのかな？　確かに勉強は好きじゃなかったけど、やっているうちに問題が解けたりするようになると面白くなってきて、周りの人から「がんばっているね」って言われても、どこか違和感があるような気がしたんです。私、がんばってるのかな？　って。

音楽に至っては、もともと大好きなものだし、ただ夢中になっているだけでここまできているので、努力している感覚は正直言ってないんですよね。どことなくですけど、努力って言われると、苦行みたいなニュアンスを思い浮かべてしまって、私は「？」となるのかもしれません。

ただどうしても、好きなものを自分なりに極めようと思ったら、克服しなければいけないものが付随してくるというのはわかります。私の場合は、人付き合いがそれに当てはまるでしょうか。歌うのは大好き、でも歌を続けるためには多くの人の協力が必要、だから人付き合いというものが出てきます。そこは私、がんばるんです(笑)。好きなもののためにできるんです。逆に言えば、苦手なことだけを抽出して、君にはここが足りていないからそこだけをがんばれ、それが努力だ! とか言われても、絶対にできません。

そう考えると、好きでい続けられるものがあるというのは、それだけで才能なのかもしれませんね。だって、苦手なことも好きなもののために克服しよう! って思えるんですから。それってすごいパワーですよね。

だから、才能ってみんな最低ひとつは持って生まれるんじゃないかな、と思うんです。きっと、生まれてくる時に神様が、おでこにペタンとシールを貼ってくれるんです。その人の才能が書かれたシールを。はい、あなたはこれね、ペタン。あなたはこれかな、ペタン……みたいな感じで(笑)。

神様も忙しいから、たまに貼るとこがズレたりしてなかなか気づきにくい場所になったりする場合もあるんでしょうね。でも大丈夫、どこかに貼ってあるから、まだ自分の才能（好きなこと）に気づけていない人は探してみてください。

あとは、風でシールが飛ばされちゃったり、せっかく貼ってあるのを見つけたのに、自分から剝がしちゃうという場合もありますよね。例えばそれがものすごくユニークなものだったりした場合、人と違うからって隠してしまったりして。好きなことが、たとえちょっと他の人と違うことだったとしても、ずーっと好きでいられる人のことを天才って呼ぶのかもしれません。エジソンだって、スティーブ・ジョブズだって、そういう感じじゃなかったのかな。

私の友人に、ものすごく手先が器用な人がいるんです。その人の家に遊びに行った時に、お子さんが「ママこれ作って！」って子供用雑誌の付録を持ってきたんです。私も遊びに来てるし、めんどくさいし（わりと本格的で複雑な工程が必要なんだなって驚きました）、最初は嫌がってたんですけど、いざ手を動かし始めると顔がニタニタしてるんですよ。自然と。あー、この人今めっちゃ輝いてる！　って、そばで見ている私が幸せな気持ちになりました。もちろん、完成した付録にお子さんは大喜び。どんな些細なことでも、自分の好きなことで周りの人を幸せな気分にさせること、才能が最大限に発揮された形というのはそういうことなのではないかと、その時に私は思ったのでした。

では、歌を歌う私の場合、声は才能でしょうか？

与えられたもの、ギフトという意味では才能に違いありません。でも、声というのは身体的なものですから、ちょっと特殊な部類に入るのかもしれませんね。というのも、声は成長に合わせてもそうですし、喉を使えば使うほど変化、もっと言ってしまえば劣化してしまうものだからです。あらかじめ減っていくことを宿命づけられたものなんですよね。だから私は、できるだけ最初に神様がペタンと貼ってくれたままの声を忘れないでいたいと思っているんです。若返りたいということではなく、自分の元の声を常にベースに持ちながら、それを生かした発声なり声色なりを追求したい。

と、今でこそそんなふうに思えるようになったんですけど、最初に歌い始めた頃は自分の声が嫌いでした。味のあるハスキーな声に憧れていたけど、これと言って特徴のないノーマルな声、というのが。ようやく天然の私の良さに気づけてよかったです。

それにしても、自分の才能に気づいて、それを発揮しまくって、自分の生きる道はこれだー！　ってしっくりきている人ってどれくらいいるんでしょうね。私の才能は、音楽を好きだと気づけたことです。これははっきりと自信を持って言えます。でも、その奥にまだ何かがあるような気がしているのも事実なんです。音楽は音楽として、歌は歌として確かにあるんですけど、音楽に包まれながら、歌いながら感じるんです、まだあるぞって。目的なのか何なのかはわかりません。もっと自分を強く支えるものが歌の奥にあるように思えてならないんです。私はそれを探している途中なんですよね。各駅停車の列車に乗って、いろんな景色を見ながらそこに向かっているんだと思います。

チコちゃん

緊急事態宣言期間中、チコちゃんの口が臭くなった。腐敗臭のような、なんとも耐え難いにおい。

前々からにおうなと思っていたけど、以前にも増してにおいの飛距離を伸ばしていた。一メートル以上先でも感知できるレベルで、近くにいるとなかなか辛いものがあるけど仕方ない、我慢。歯石でもたまってるのだろう、コロナが落ち着いた頃にゆっくり病院で診てもらおうと、様子を見ていました。

あ、ちなみに「チコちゃん」とは、私の飼っている犬です。私のインスタグラムに写真のネタ切れになると登場する、なかなかいい仕事をしてくれる白いチワワ十歳♂であります。

そんなチコちゃん、ある日の朝、臭い口から突然吐血しました。口の周りの白い毛が赤い血で染まるというなかなか悲惨な状態。本人は血が垂れてることも気づいてないし、痛くもないらしく、いつも通りかまってかまって〜〜と近づいてくる。ホラーだなと思いながら口の中を覗くと、歯茎の一部から出血していました。慌てて病院に電話しようとしたけど、待てよ……果たして診察してるのだろうか。

恐る恐る病院に連絡して、電話越しに先生の声を聞いたとき、女神様だと思いました。感染のリスクがある中、動物たちのために変わらず診察を続けてくれてることに感謝でいっぱいだし、なんて勇敢な方たちなんだ……と感動してしまう。先生って偉大。

診察してもらったところ、歯肉の炎症がひどく、歯茎にできた血豆のようなものが破裂して出血しているとのこと。週に一度くらいのペースで抗生物質を打ちに来てくださいと伝えられ、緊急事態宣言中にまさかの通院生活が始まったのでした。

通院は週に一度。この期間は完全予約制になり、普段よりも先生とゆっくりお話ししたり、何気ない質問もできたいい時間でした。ずっと家にこもりっきりだったので、週に一度のドライブ感覚でいい息抜きにもなって、チコちゃんも飼い主もご機嫌です。

通院生活が始まって三週間ほどで歯肉の炎症が落ち着いた頃、先生から「チコちゃん、咳してない？」と聞かれました。

咳？？？　人間の咳のような症状は見たことはありませんでした。ただ吐くような姿勢で「カッッカッ‼」というような、まるで人間のオジサマが痰を切るような様子はあった。「あの、オジサンみたいなやつですか？」と聞くと「そうそう、それ！」と先生。あれは犬の世界では咳なのか。

実はそれが病気のサインだったようです。レントゲンを撮って、細かく説明を受けます。

チコちゃんは心臓肥大を起こしていました。本来、ピーマンのような形をしている心臓は、肥大すると風船のようにまん丸になります。心臓のサイズが大きくなるにつれ、気管・食道が圧迫され、食べ物などが胃へと通過できずに咳をしてしまう、という状態になっていました。この病気は小型犬にはとても多く、心臓病はチワワの死因ナンバーワンだそうです。いきなり余命宣告をされたような気がして、全身が硬直してしまう……。


あ、ちなみに、チコちゃんは現在すこぶる元気です！　このまま悲しい結末を読まされるの？？？　と不安にさせてしまったかもしれませんが、ご安心ください（笑）。

肥大した心臓を落ち着かせる薬と、むくみを軽減させるための利尿剤などを処方してもらって様子を見ることになり、先生からは「できるだけ興奮させないようにしてね」とアドバイスをいただきました。え？　いつも興奮しかしてないのにどうすればいいのだ。お散歩中、他の犬に吠えるのはもちろん、すれ違う人が手に持っている買い物袋にだって（犬と勘違いして）威嚇するのに。それと、我が家のベランダに時々やってくるカラスはどうする⁇　チコちゃんにとってカラスは天敵。鳥のくせに犬と同じくらいのサイズ、そしてあの独特な威圧感が苦手らしい。飼い主がカラスのクチバシやボディの美しさに見惚れてなかなか追い払わないので、チコちゃんはいつもプリプリ怒っています。

今後、カラスはすぐに追い払うにしても、すれ違う犬には目隠し作戦だ。チコちゃんが刺激されそうな何かが近づいてくると手で彼の目を覆い隠すしかない、視界に入れないのが一番だ。……とあれこれ頭で考えながら病院を出て、車に乗り込んだ瞬間、ショックと悲しみが押し寄せてきました。

チワワの寿命が十〜十五年だということはしっかりと覚悟して飼い始めたつもりだったのに、やっぱり簡単には受け入れられないもの。

こういう時って、後悔の感情が一番に浮かび上がってくるんですね。忙しくてかまってあげられないこともあってごめんね、とか。まともに躾《しつけ》もできないダメ飼い主でごめんよ、とか。こんな気持ちにならないように後悔しないように毎日過ごしてたつもりだけど、チコちゃんが幸せに思ってるかどうか、言葉で確かめられるわけではないので不安が勝ってしまう。

自宅に戻ってからもチコちゃんと離れたくなくて、膝に乗せてやたら体を撫でまくりながら涙ポロポロポロ。もはや口臭すら愛おしい。

悲しいけれど、チコちゃんが病気になったことを報告しなきゃいけない人がいる。チコちゃんの大切な人です。

十年前、チコちゃんは知り合いのご家族から譲っていただきました。そのご家族は動物が大好き。愛情たっぷりで動物と暮らしています。二〇〇九年の年末、当時飼っていた二匹のチワワから三匹の子犬が生まれたと聞いて見せてもらうことに。生後二週間くらいだったと思うので、まだ上手に歩けないし目もしっかり見えてなかったと思います。そんな手のひらサイズのチワワたちをカワイイな〜

と正座して眺めていると、一匹のチビチワワが私の太ももによじ登ってきたのです。柔らかい爪の感触まで覚えています。

あまりの可愛さに、私は一瞬にしてメロメロ。

いつか動物と暮らせたら……と夢見ていたけれど、ペットショップで動物を買うという選択肢は思い浮かばず、もしご縁があれば一緒に暮らしたいなと思っていました。そして本当は猫派な私（笑）。犬と二人暮らしというのは自分でも意外な展開だったけど、よじ登ってきたあの子が忘れられず、数ヶ月後にご家族に譲ってもらうことにしたのです。

こうしてやってきたのが、チコちゃん。

今でもご家族とは写真を送りあったり、何度か里帰りもさせてもらったりと交流は続いています。飼っているというよりも、預かっているという気持ちの方が強い。今回の病気に関して伝えるべきことを頭の中でまとめていると、同時に今までの十年間の記憶が次々に思い起こされ、どうにか時間が止まらないものかなぁと願ってみたりしてしまう。

あぁ、いろんなことがあったなぁ。ずっと一緒にいた私と離れ離れになるなんて、さぞかしチコちゃんも寂しくて落ち込んでるはずだと彼を見てみると……白目を剝いて爆睡しているではないか。起きるといつも通りご飯を催促するし、散歩も行きたがる。随分サッパリしています。お留守番を強いられた時のほうがよっぽど寂しそうに見えるけど、チコちゃん、病気になって寂しいなんて、きっと一ミリも感じてないよね……?!

飼い主びっくり。

お陰様で、私も開き直ることができました。

動物は強い。生き方のお手本です。

自分の運命を受け止めながら、与えられた「今」を生きることだけを考えています。

私たち人間は、ついつい過去や未来に目を向けてしまいがちで、過去には執着や後悔をして、未来には期待や不安を感じたりする。

そうやって未来や過去に囚われて、「今」がおざなりになってしまったという経験が何度もある。

動物には時間の概念も日にちの感覚もないからこそ「今」にフォーカスできるのかもしれませんね。

おそらく彼らには、未来に何かを期待する気持ちなんてない。

それは、時間の概念を知ってしまった人間のエゴなのかもしれません。

チコちゃんのサッパリとした様子を見て、彼が寂しいなんて思ってないのに、寂しいはずだと決めつけて過ごすのはやめようと思いました。


病院通いを始めて数ヶ月、信じられないくらい元気です。

少しダイエットをして、身軽そうなチコちゃん。口臭は、相変わらずだけど、これからもよろしくね。

もとい。

今日も、よろしくね。

「令和の大江戸」実験生活

　ステイホーム期間中、読書に励んでいたという人は多いのではないでしょうか。私もそうです。

　いろんな本を読みましたが、一番盛り上がったのが石川英輔さんの『大江戸神仙伝』をはじめとするSF歴史小説シリーズです。

　これまた七冊もありまして、長いステイホーム期間中には最適でした。物語が続いていく安心感と、起床後に（私は朝読書派です）、現代を生きる主人公とともに江戸時代にタイムスリップする感覚にハマってしまったのです。

何が面白いって、ずっと昔を生きた先人たちの暮らしを知ることができるというところ！　江戸の町を覗いてうっとりしつつ、いろんな価値観を見つめ直させてくれるような作品なのです。

江戸の人々はリサイクル上手だったようです。当時の江戸は排泄物さえも肥料として再利用し農作物を作っていたとか。人間がいればいるほど肥料も増え、食物に生まれ変わる。美しいシステム。昔の人の知恵には感心させられますね。

電気もないので明かりは蠟燭です。太陽が昇れば起床し、沈めば眠る。高層ビルもなく、緑は豊かなまま。今は多くが埋め立てられてしまった東京の川も透明で、新鮮な美味しいお魚に恵まれていたといいます。人間と自然の調和のとれた暮らしで、とても素敵。

江戸時代に暮らしたいかと言われると悩むけど、原始的な暮らしに興味はある方だと思います。

我が家には電子レンジがありません。

いや、一応存在してるけど、稼働するのはツアー中に体をほぐすための「あずきのチカラ」をチンする時くらいで、食材を温めるために使ってない。

もちろん実家暮らしの時は当たり前のように使っていたし、一人暮らしを始める時も必要な家電アイテムランキングで上位でした。今の我が家には炊飯器もないので、ご飯は土鍋。必要な量を炊いて食べ切ってしまうので冷凍ご飯の存在もない。スープや煮物が余ったとしても、湯煎で温めたり「せいろ」で蒸してしまえば、特に問題ないのです。「せいろ」は我が家の電子レンジとして大活躍です。

レンジのない生活を話すと、結構驚かれる。

確かにこの家電は、忙しすぎる現代人の味方！　なアイテムだと思う。

でも私は、そんな便利すぎる世の中が怖くなる瞬間があります。時間・手間が省けるということでいいことずくめ。本当に助かるんだけど、でもそれに慣れすぎると、工夫したり、知恵を絞ったりという感覚が衰えるような気がしてしまう。

いつでも少し不自由で、「ちょっと頑張る」ということをしていきたい。

自分に何が必要か、そうでないかを見極める作業が好きで、生活の中にそういった実験的なことを取り入れると、燃えるのです。

食品に関しても、しょっちゅう実験をしています。

三年ほど前から、グルテンフリーに目覚めました。きっかけは体のむくみや低体温がひどくなったこと。もともとパン、パスタ、クッキーなどの小麦食品は大好物で、おそらく人よりも食べ過ぎました（反省）。実は食事への興味が薄く、少ない量でエネルギーを摂取するクセがついていて、その食生活に体が拒否反応を示し始めたのです。

ということで、試しに二週間くらいグルテンフリーを続けてみようとトライ。案外、小麦と離れ離れの生活は苦ではなく、たった三日で全身がスッキリ。むくみは無くなったし、体はとにかく軽い！　残念ながら、グルテン生活は私の体には合ってなかったということが一瞬にして証明されてしまいました。

拍子抜けしたけど、とにかく体の変化が嬉しくて周りのスタッフにやたらとグルテンフリー生活の素晴らしさを語るように。しかし……。

ある日の撮影で、お弁当タイムがやってきました。パスタなし、揚げ物なし、と指差し確認してお弁当の中身のグルテンチェック完了！

ここのお弁当美味しいよね～なんてヘラヘラしながら、その時も得意げにグルテンフリー生活の素晴らしさを語りつつ用意されたお弁当をいただいていると、スタッフの女の子が突然「えーーーーーー！」と素《す》っ頓狂《とんきょう》な声をあげながら私のお箸の先を見てきたのです。すぐさま彼女のメッセージに気づき、私もフリーズ！

私は何の疑いもなく、「マカロニサラダ」を食べ続けていたのです。

グルテンフリー初心者で、パスタ＝細長いという思い込みでした……。盲点であった。凡ミスであった。食べてしまったことよりも実験が中断したことがショック。

その後もこのような失敗を何度も重ねて、気づくのです。

〝小麦は形を変えて私のところにやってくる〟ということを。

チョコレートやスナック、ここにもいたのか?!　と驚くほど、いろんなところに存在してます。

それでも、三年もこんな生活が続くとほぼベテランの域に達したのではないだろうか。

米粉など小麦の代用品に出会うことでさらに料理の幅も広がり、工夫する・知恵を絞ってちょっと考えるという楽しさが倍増しました。

だからといって、小麦を敵対視してる訳ではありません。今でも大好物。

外食時や友人宅へお呼ばれしたときやお土産などは、特別なご褒美としてありがたくいただくようにしています。イタリアにも行きたいです。

こうして現在は小麦ともいい関係に。気づけば、生活の中でうまくコントロールできるようになりました。私なりのグルテンフリー道をマスターしたような気持ちでいます。

本気のグルテンフリーの方から見れば、ゆるいと思われるかもしれませんが、ストイックな制限をかけてストレスを溜めてしまうのは悲しい。

体質は人それぞれ違うものなので、個人が納得できるストレスフリーな方法に着地できるのが、一番じゃないかなと思うのです。

最近、サスティナブルという言葉をよく見かけるようになり、時々考え込んでしまいます。

地球環境汚染を防ごう、地球を守っていこうという思想は、本当に素晴らしいことだと思います。『大江戸神仙伝』のシリーズにも、現代人は物質的な豊かさのために自然環境を破壊してきたという描写がありますが、「知らず知らずのうちに便利さに依存して、無意識に自然破壊につながる行動をしている」と思います。だからといって、手のひらを返したように今までの生活を否定したり、〇〇は環境を汚染している！　といった情報を鵜呑みにして、振り回されたりしないようにしたいとも思うのです。

地球というスケールで考えようとすると気が遠くなるし、何より自分ごとになりづらい。でも自分の家（生活空間）も地球の一部である。「家＝地球なんだ！」と思えば、やるべきことがイメージしやすくなりました。家の中が二酸化炭素過多になってくると苦しいし、家電を使えば熱がこもって暑い！　これと同じようなことが地球で起きてるんですよね。

家のゴミを減らせば、地球のゴミも減る……！

ということで、最近は、どうやったらゴミ置場に行く頻度が減らせるか?!　という実験中です。

今まではゴミ扱いしてしまっていたお野菜の皮や芯をコツコツ集めて、出汁《だし》を取るようになりました。これがとんでもなく美味しい。甘みもコクもあって、今まで人生損してたんじゃないかというほど、幸せな気持ちになります。本当は捨てるところなんてなかったんだなぁ……ごめんね野菜さん。という気分です。もちろん、生ゴミも減った、ラッキー！

そしてお野菜の保存方法も変わりました。

ラップを使うのも最小限になり、お野菜も新鮮なうちに食べるように。中途半端に残っても、お漬物にしたりマリネにしたり工夫しながら、今のところ順調です！　面倒なゴミ出しも減って、サイコー！

外出時、お洋服屋さんで買い物をしても、ほとんどラッピング無しでマイバッグに入れて持ち帰ります。バッグが小さくて入らなかったとしても、そのまま抱えて持ち帰る。店員さんに「いいんですか……⁇」とびっくりされますが、帰宅後、綺麗なラッピングがゴミに変わるのが悲しいし、ゲットした洋服を一秒でも早くクローゼットに並べたいので、実は袋から出すという行為がとにかく面倒くさい。

こうして書いてみると、ゴミを減らしたいというよりただの横着にも見えますが（笑）、本人は一応、エコ実験の意識で過ごしてます。

こんな些細なことの積み重ねで、地球を守れるかどうか分からない。その答えはもっと未来にあるから。ただ、江戸時代の暮らしのような、人間と自然のバランスに近づきますようにという願いを込めて、この生活を楽しもうと思ってます。

一番気をつけたいのは、情報や常識に惑わされないこと。

たとえば一般的にエコではないと思われてる便利なものがあったとしても、無理に捨てたりせずに感謝の気持ちを持って最後まで使い続けていいと思っています。

エコも、それぞれの生活リズムに合わせてストレスフリーに楽しめるといいですよね。

まだまだ試してること、試したいことはたくさんあるけれど、最近洗濯機が壊れたので、洗濯板でのお洗濯もいいなと思っている。

さすがに無理か！（笑）

お味噌汁で泣く

ステイホームや在宅ワークの増加で、お料理を楽しむようになったという人も多いのではないでしょうか。今は便利な調理グッズや珍しい調味料など、自宅にいながら買うことができたりするので、いろんなメニューに挑戦できますよね。

私はお料理、毎日してます。

必要に迫られてという側面はもちろんありますけど、基本的に好きだからというのが大きいです。お料理はやればやるほど好きになっていきますね。

私の母がとてもお料理上手な人だったんです。例えば外食に行って、あれおいしかったねって言ったら再現して作ってくれたり。すごいなー、いったい頭の中はどうなってるんだろうって、不思議に思ったりしたものです。さっきまでニンジンの形をしていたのに、あっという間に短冊状にされて、火を通されて見た目も鮮やかな一品に変わるのがまるで手品でも見ているようだったな。

でも、母からお料理を教わったことはありません。うちは家族も多かったし、毎食作るとなると、それはもう大変だったと思います。だからゆっくりと料理を楽しむという感じではなかったのかも。それでも、母が野菜を触る手つきだったり、包丁がまな板の上で立てる歯切れのいい音だったり、身近にそういうものを感じられるのが大好きでした。

うちは農家ですから、白菜や大根、他にもいろいろな野菜がそのへんに生《な》っているんです（笑）。祖母がよく土のついた大根を洗ったりしているのを見ました。子供の頃は、スーパーなんかで陳列されているきれいな形をした野菜の方がおいしそうに思えたものですが、今考えると、自分の育てた野菜をいただくなんて、すごく贅沢なことですよね。母の野菜を触る手つきにもどことなく野菜に対する感謝や愛情がこもっていたことが記憶にあります。

ところで――。

みなさんはレシピ通りにきちんとお料理ってできますか？

いやいや、懇切丁寧に手順や分量が書いてあるじゃないか、その通りにやれば誰だってできるよと思いますよね。でも私、苦手なんです。もしかしたらできているのかもしれないんですけど、これって正解？　って思っちゃうんですよね。ほら、レシピって本にしてもアプリにしても、最終的な味までは書いてないじゃないですか？　つまり、正解の味がわからないから、結局自分の好みを信じるしかない、という結論に落ち着くんですよね。そうすると、レシピをざっと読んで、これは守らなきゃいけないだろうというポイントだけは押さえつつ、あとは自分流にザーッとやっちゃう（笑）。だから結局、自分好みの同じ味付けになるんですけどね。

密かに付けているマイ・レシピノートというものがあります。

これまでの私の数々の失敗や経験を踏まえて書き留めたレシピです。でもこれ、きっと誰にも解読できないと思います。とにかくざっくりしたことしか書いていないので。どれどれ、「あんこの作り方」というページを見てみましょう。ふむふむ……あーなるほど、そうそうここ大事よねー。私にはちゃんとわかります。では実際そこに何が書かれているかというと――〝甘すぎるとキケン！〟〝40分！〟〝ここは我慢が大事！〟〝待て！〟。一度、このノートを見ながら料理をする私の傍で手元を覗き見た知人が、「え！」と絶句していました（笑）。

おそらくですけど、お料理というのは毎回発見があるものだと思うんですよね。だから、これだって決まったものを覚えるというよりも、その時その時で横道にも逸れながら新しい発見や楽しみを見出していくものなんじゃないのかな、なんて私は思ったりしています。

その感じにとっても近いのが、音楽なんです。

特に、味を調《ととの》えていく過程は、レコーディングの中のミックスという工程にすごくよく似ています。要するに、ここ！　っていうバランスを決めていく作業ですね。例えば煮物を作っている時に、甘味が強すぎたなって感じたら、私はお酒を入れます（合ってるかどうかは知りませんけど。何せざっくりしてるので）。そうするとちょっと甘味が緩和されるんですよね。同じように音楽も何かが立ちすぎていたら別のところを前に出すことで全体のバランスを整えていくということがとても大事になってきます。

調味料でも、困った時はこれを入れておけばなんとかなるっていうものってありませんか？　実は音楽にもあるような気がしていて。このエフェクトをかけておけば、なんとなくまとまる、みたいなやつ。きっとエンジニアさんは自分なりのレシピを秘蔵しているに違いありません。ただ、音楽がお料理と違って難しいなと感じるのは、そうしたバランスを取って音を決めていく作業を複数人で行うということ。やっぱり人によって聴こえ方は違いますから、究極は好みということになるんですよね。でも、歌や楽器を録音している時から、ここだなっていうポイントは不思議とみんな共通して持っているもので、その感覚がある時は、大丈夫って思えます。

私がこれまでに最もよく作ってきたもの、それはお味噌汁です。毎朝、出汁《だし》を取るところからやっています。あくまで感覚的ではあるんですけど、私にとっては毎朝お味噌汁をいただくことが体にとってすごく重要な気がしています。これさえ一日の始まりにやっておけば、体が変なことにはならないという確信があるんです。はぁ〜おいしい〜って朝から泣いていることもあります（ひかないでください）。

明日はどんなお味噌汁にしようかな？ 具は何を入れようかな？ 前日から翌日のお味噌汁のことを考えています。好きな具ランキングの第一位は、油揚げです。油揚げは絶対王者。油揚げは正義です（笑）。

「じゃあ、最後の晩餐はお味噌汁ですね」

それは……違うんですよね（笑）。

私が最後の晩餐にいただきたいのは、父の作ったお米です。ちょっと硬めで粒立ちが良くて、子供の頃から一番食べているものだと思います。私をここまで育てくれたものですね。お金を出せばおいしいものは何でも手に入るとは思うのですが、それにも勝る贅沢は、やっぱり信頼できる人の作ったものをいただくということなのではないでしょうか。

でもなぁ……お米だけだったらちょっと寂しいから、やっぱりお味噌汁も付けよっかな（笑）。

お酒と私

お酒、好きなんです。

いったい何の告白なんだ！　って感じですけど（笑）。今回はお酒と私の関係についてあれこれ書いてみたいと思います。と言って、すごくお酒に詳しいとかそういうことはありませんので、そのへんを期待されている方にはすみません（笑）。

私の家族の中で、男性陣は飲むんですけど、母も姉妹も飲まなくて、女性陣では私だけなんですよね。どうしてこうなっちゃったのかな？　って考えると、単純に飲む機会が多かったから。やっぱり音楽活動をやったりしていると、打ち上げで乾杯、みたいなことになりますからね。自然とお酒との距離が近くなっていったという感じです。でも最初の頃は、美味しいとは思わなかったですね。ただつきあい程度に飲んでいたという感じでした。

ところが——。

あることをきっかけに、お酒の美味しさに目覚めてしまうのです。

なんと、ロマネ・コンティをいただく幸運に巡り合ったのです。ロマネ・コンティってご存知ですか？　私も人に説明できるほど知っているわけではないんですけど、少ない知識を総動員してお伝えすると、ブルゴーニュ最高峰の赤ワインで、とにかく生産数が限られているため、普通に百万円くらいはするそうです。当たり年と言われる良質なものになると、三百万〜四百万円になるものもあるとか！　ヒエ〜〜。

お酒にこだわりなんてまったく持ち合わせていなかった、当時二十代半ばの私でございます。とりあえずビールから始まって、なんだったらずっとビールでいいやというほどお酒に対して無自覚な私なんぞが飲んでいいお酒でないのは重々わかっています。でも、そこにロマネ・コンティがあるんですもの（笑）。

当時所属していた事務所の社長さんがワイン好きで、どうにかこうにかツテを頼って手に入れた一本ということでした。どうしてそうなったのか今ではさっぱり記憶にないのですが、社長さん主催の「ロマネ・コンティ会」なるものになぜか私もお呼ばれすることになったのでした。

ですが、何度も言うように貴重で高価なワインです。いきなり乾杯でロマネ・コンティを飲み干すわけにもいきません。儀式と称して、普通にビールや日本酒をガンガン飲みながら食べまくるという、今思い返しても確実に間違っていると断言できる長い道のりを経て、ようやく行き着いたのでした。しかし、その時点で相当な飲酒量だったため、果たしてロマネ・コンティをまともに味わうことができるのだろうかと一抹の不安を抱えておりました。

見たことのない上等なグラスに、何とも言えない官能的な色合いの液体が注がれていきます。みんなで分けたので微々たる量ではありましたが、一口含んだ瞬間、その豊潤な味わいに驚いてしまいました。お酒が美味しいってこういうことだったのか！　いわゆる、革命が起きるというやつですね。謎の儀式でバカになった味覚をもってしてもこのインパクトですから（笑）、ああ、最初に飲んでいればどんな味だったんだろうと思わずにはいられませんでした。

この出来事から、ワインを飲むことが多くなった気がします。

ワインを飲むと、ついついソムリエごっこをしてしまいます。プロのソムリエの方々は、ワインの味を花や果物に例えることが多いと聞くのですが、私は音に例えるんです。特に私は、ヴァン・ナチュール（自然派ワイン）を飲むことが多いので、なんて言うんですかね、酸化防止剤などが入っていない（わずかに入っているものもありますが）から良い意味で劣化もしていくし、だから味がイビツなんですよね。ボコボコしているというか。中には、ワイルドに育ちすぎて、ギリギリの味もあったりするんですけど（笑）。

そのイビツな感じが、スタジオでレコーディングした自分の曲のミックスを聴いた時に感じるイビツさととてもよく似ているんです。ちょっとハイが強いな、とか、ローが足りないな、とか。

音の場合はその場で調整していくことになります。ハイは強いけどこのまま置いておきたいから、足りない分のローを足してボトムを太くしていこう、という具合に。でもワインの場合はそんなことはできないからどうするかと言うと、料理でバランスをとるんですよね。もちろん私にそんな料理の腕があるわけはなく、ソムリエ気分であああだこうだ言っているだけなんですけど。レストランに行くたびに、プロのソムリエの方、料理人の方って本当にすごいなと思います。その仕事の仕方はまさに、みんなでひとつのサウンドを作っていく音楽の現場に似ているな〜と思いますね。

ワインというボーカリストにどんな演奏家や楽器（料理）を組み合わせるか？　あるいは逆に、このバンドにどんなボーカリストを合わせるか？　ワインだけだったら、う〜ん、みたいな感じのものも、料理と合わせたら、ああマリアージュ！　みたいなミラクルが起きますからね。そうか、こうきたかー！　って。

本当にお酒は日々のご褒美、日常をキラキラしたものにしてくれる魔法みたいなものですね。お酒があってよかった（笑）。

でも、歌う日の三日前にはお酒を抜かなければいけないんです。というのも、私はむくみやすい体質で、喉にダイレクトに影響が出てしまうからです。だから、ツアーやレコーディングの前になると、それまで褒めそやしていたお酒に対して、急に邪険になるんです。今までさんざん、最高の仲間だ、ありがとう！　なんて調子良く言っていたのに。お酒の方からすれば、いきなり冷たくされて戸惑っているでしょうね。さらに、ツアーが終わったら、何事もなかったようにまた一方的な賞賛が始まるという。自分勝手でごめんなさいね、お酒さん。

ちなみに、私の好きなおつまみは、柿ピーです。なぜか、アテが何もない！　っていう時も、柿ピーだけはどこかから出てくるんですよね（笑）。我が家の謎のひとつです。

毛髪一本勝負

髪型を変えました。

意識的に変えたというよりステイホーム中にメンテナンスができず自然に伸びてしまっただけなのですが、いい感じに伸びてくれたのでベリーショートからショートウルフに進化しました。

わ……わずか数ヶ月で……。

ご存知の方もいらっしゃると思いますが、私の髪の毛は異常な速さで伸びます。

なんと人の約二倍で、長さでいうと一ヶ月に二センチほど（スゴー！）。この速さなので、カットの頻度はだいたい二週間に一度です。頻繁すぎて面倒じゃないかと思われるかもしれませんが、私は髪を切るという行為がかなり好き!! 以前は髪を触られながら、ほぼ初対面の美容師さんに身の上話をするのが苦手でしたが、今はそんな気持ちはゼロです。だって美容師さんってヒーラーなんだもの！心の断捨離ができるような……まるで新しい自分に生まれ変われるような……。深いリラクゼーション効果を感じています。ということでカットの日は楽しみでしょうがないのです。本当は週一でもいいくらい。

私の髪の毛の特徴は伸びるスピードだけではありません。多毛で、一本一本がそれはそれはたくましく、強い。傷み知らずの剛毛です(笑)。

以前から毛量と強さについては自覚がありました。デビューから十年ほどは、ジャニス・ジョプリンやオノ・ヨーコさんに憧れてロングのセンター分けスタイル。二十代はどうしても肌に幼さが残るので、張り裂けんばかりのピチピチの顔をカバーするためにもセンター分けは直線的でクールに演出できてよかった。野外ライブで風に吹かれボサボサになる髪の毛をまとめたくてヘッドバンドを付けていたら（めちゃくちゃ機能的）そのまま衣装になり、スタイリストさんはありとあらゆる布を頭に巻き始め、結果的にキャッチーなヘアスタイルを作り出せました。ボサボサでもストレートでも、ゆるいウエーブを出すのもムードがあってお気に入りだったけど、存在感のある髪の毛は目立ちやすい。プライベートでは変装の意味でも髪の毛をまとめていました。

意外にもテレビに映っている私の髪の毛は剛毛には見えていないらしく、実物を目の当たりにした方からはけっこう驚かれます。当時、おしゃべりしながら髪の毛を左に流して三つ編みを作る癖がありまして、目の前で太く長く仕上げられた三つ編みを見て「注連縄《しめなわ》か!!」と爆笑されたこともあります。そんな感じ。

とはいえ、ロングの時は剛毛であることもさほど気になりませんでした。四年前くらいにベリーショートにしてからというもの、私の毛質はとんでもない問題毛だという事実に直面するのであります……。

面倒くさがりなので人前に出る仕事でなければ髪型を気にするようなタイプではないのですが、数え切れないほど存在するミュージシャンの中でSuperflyを覚えてもらうためにも髪型には地味にこだわりがあります。ポイントは、「絵に描きやすいかどうか」。おでこあたりに紐を巻いてるとか、黒くて超長いとか、前髪超短いとか、大胆でシンプルということです。

アーティストによっては顔面にインパクトがあって、どんな髪型にしても、どんな衣装を着てもその人だと認識できる方もいらっしゃいます。私は残念ながら顔のパーツにそれほどインパクトがないので、ヘアメイクや衣装で覚えてもらえるようにと考えています。

昔から感じていることですが、私はハッキリとした髪型でないと、顔がぼんやりしてしまって覚えてもらえないのです（涙）。過去にもいろいろトライしてみたけど……結局ロングのセンター分けに戻っていきました。あぁ、曖昧な髪型は似合わないのかな〜とショックでしたが、今思えば、昔であればあるほど物事をハッキリさせておきたい性格でもあったので、そういう内面も表面化していたのかもしれません。

ベリーショートにしたのは、三十代に入ってから。顔がそれまでよりシャープな印象になり、直線的で重い黒髪ロングもそろそろ卒業かな〜と思っていた頃、体調不良でお仕事をお休みすることになりました。せっかくだから休養中はSuperfly のイメージから思い切り離れて生活してみようと断髪式を決断したのです。

ロングからショートになる記念すべき日なので、一発目のハサミは私が入れさせていただきました。左右に一つずつヘアゴムで束に結わえてもらい、まずは左から。

しっかりと髪の毛を握りしめ、ヘアゴムの二センチくらい上に狙いを定めて、勢いよくザクッッと。……なんという快感、なんという感動！！！　そして切断された束になった髪の断面を眺めて毛の太さと密度に驚いた！　それはそれは極太で、エノキ茸を包丁でカットした断面とそっくりでした（エノキ茸を見るたびに思い出します）。

　そんな自分のエノキ茸に感謝と別れを告げた私は、プロの手によってショートヘアへと変身。そしてこの日からすっかり髪を切る快感を覚えてしまい、ショートだったはずがベリーショートへ、どこまでも短く進化を遂げていくのです。

　ショートヘアの生活はとても快適でした。シャンプーはラクだし、とにかく気持ちが晴れやか！　しかし短いなりの悩みも勃発。今までは、髪のボリュームや強さについて悩むことが多かったのが、ショートにしてからは、冒頭で書いたとおり伸びるスピードが目立つようになってしまったのです！　自分が気にしてるだけならまだしも、いろんな方から「髪、伸びましたね（驚）」と言われるように……。身近な人、お友達、たまに立ち寄るコーヒーショップの店員さんにまで、ほぼ１００％の確率です。それも髪が伸びて素敵ですねといった言い方ではなく、単に伸びてる事実を教えてくれる感じなので（笑）、異常なスピードで伸びてるんだという自覚を持ちました。そして、同じ言葉を繰り返し耳にするうちに、良いことも悪いこともネガティブに刷り込まれてしまうという私の被害妄想のクセが現れ始めたのです。「人と違って変なんだ、ダメなんだ」。こんな気持ちが襲ってきて、晴れやかだったはずの心の中が曇るようになってしまって……。

「憎き剛毛めー！」それからというもの、伸びるスピードは変えられないけど、せめてこの生命力のありすぎる毛質を変えたいというモードに入り、ひたすらブリーチして細く柔らかく変えようとエスカレートしていきました。もはやファッションの域を超えている（笑）。

日々自分の髪を見つめ続けているわけで、それなりの愛着が湧いたり楽しみもあったのですが少しだけ胸の奥がチクチク痛む感覚がありました。そりゃそうです、毎日自分に否定的な気持ちを向けているのですから。

こんな風にコンプレックスと格闘すること数ヶ月。おそらく平均的で、扱いやすい毛質になりました。ところがある時、鏡越しに見る「普通になれた」自分を見て、「え……この人誰……?!」と感じた瞬間があったのです。そのとき、面白いことを発見してしまいました。

我々を悩ませるコンプレックスというものは（特に外見）、集団生活の中で個々を見分けるために神様（？）がわざと与えてくれたものではないか?!　と思ったのです。

もしも、世界中の人の顔・体型・髪型など、全て同じだとしたら、どうやって人を見分けるんだろう??　会社や家族の中だったとしても、想像するだけで結構パニックだと思いませんか？　誰だかわからなくて不安な気持ちになるような気がします。

違いがあるから名前と顔が一致して、コミュニケーションが成立してるのかもしれない。違うって面白いじゃないか。コンプレックスってありがたいものではないか……?!

こうして私は毛質の呪縛から解き放たれ、現在の髪型へと進化していきました。

嫌な部分をカバーするためではなく、自分の毛質や癖を活かしたニューヘアです。

絵に描きづらいような曖昧な髪型は似合わないと思っていたけど、コンプレックスを受け入れた途端に曖昧な髪型がハマるように感じられ、相変わらず猛スピードで成長中の髪の毛に対しても、「伸びましたね」よりも「素敵ですね」と言われる頻度の方が多くなり、予期せぬ変化をもたらしてくれています。これはコンプレックスを受け入れられたご褒美だと信じています！

そして先日、新しいアーティスト写真の撮影をしました。今の心境を写真に残したい！　という思いから衣装も私服です。私は短足でスタイルも良くない。衣装は本来スタイルアップさせるものだけど、そもそも私はモデルさんではないし、自分らしいシルエットが出ることが大切！　心から好きな洋服たちに包まれて写真を撮りました。歯並びだって悪いけど、気にせず大口開けて笑って撮りました。

無理やり「普通」に矯正して、世界中が同じにならなくていい。

コンプレックスには、自分を好きになるヒントが隠されていました。

私を作ってくれて、ありがとう！

まさかのアンチエイジング

歌いたくてウズウズしていたので、オンラインライブ、やってしまいました！（二〇二〇年十一月三日）

今年はインプットの年と決めていたので、締め切りを設けずのんびり曲を作るつもりでいましたが、コロナで状況は一変。

ステイホーム期間に在宅勤務の方が増えたことで、世間ではお家で一生懸命お仕事したりしてるのか〜と思うと、私にできることはなんだろうと考えるようになっていました。

インスタグラムでくだらない写真をアップして笑ってもらおうとしたり、「Together」という曲を作って配信したり、ありがたいことに『ミュージックステーション』に出演させていただいたり。世界を明るくするぞー！　と謎の正義感に燃えて、活動的で熱かった（笑）。

ナチュラルハイ状態だったかもしれません。

その活動スイッチに拍車をかけてくれたのが、二〇二〇年の二月から始めたボイストレーニング。

通い始めてすぐコロナが流行し始めたので、週に一度のリモートレッスンに切り替わりましたが、これがかなり集中して声と向き合うきっかけとなって、本当に良かった。

一年前のツアーは大成功したし、ツアー期間中の私の声帯は病院の先生に褒められるくらい綺麗な状態をキープできていたので、これといって大きな問題は抱えてないと思っていました。ただ、ここ数年、ロック曲やハイトーンを連発するような曲を歌う時に、声にパンチを出そうとして体に力が入るようになってました。頭の中のイメージでは、ハイトーンを出しても野太く艶のある声。精神はとても自由で開放的で、心の中は恐れなどなく、自信に満ち溢れている。ところが実際の私の声は自分のイメージよりも細くなっていて、それを補うことに必死でした。頭の中は「ちゃんと声が出るかな……」と不安や心配でいっぱい。声帯の異常はないし、これは声のせいじゃない、全て私のメンタルの弱さからきてるものだ！　と思いこんでいたのです。

以前もエッセイの中で書きましたが、普段の私はインドア派で、声も小さく臆病者です。全然ロックしていません。ロックって本当はパワフルな人がやるもので、小心者である私のメンタルが曲に追いついていないのなら、精神を強くするべきだ！　と思いたち、自己啓発本を読んだり、夢に向かって頑張ってる人のドキュメンタリー番組を見てモチベーションを上げたり、ストイックに運動したり、瞑想したり（笑）、あれこれたくさん試しました。

そんな心の強化期間を経て、なんとなくメンタルコントロールができるようになった気がした二〇一九年末。やっぱり声に元気がなく、細い。相変わらず、イメージしてるような声のパンチには程遠い。もっと力強く、自由に歌える方法はないかと心の中がモヤ～ッとしておりました。

年が明けてからも悩みは消えず、ついにシンガーの友人にポロッと弱音を吐いてしまいました。すると友人はモヤモヤを吹き飛ばすように「ボイストレーニングのいい先生いるよ！　先生に話しとくよ～、絶対良くなるよ！　アッハッハ～」と明るく話してくれたのです。そして数日後には「レッスンのキャンセル出たらしいから行ってみる？」と連絡をくれました。なんていい人！　いつもだったら新しいことを始めるのに躊躇してしまう私も、これは直感力の強い友人が繋いでくれた素敵なご縁のような気がして、迷わず指定されたスタジオへ向かったのでした。どんなレッスン内容なのか、どんな先生なのか、ほぼ、ノーインフォメーション。頭で考えず直感を信じて動いてみるって、なんだかワクワクします。

スタジオに入ると先生はとても歓迎してくださいました。どうやら年末の音楽番組での歌唱を聞いて、今の私が抱えている問題点に気づいてくださっていたようで、声を回復させたいとおっしゃってくださいました（涙）。そしてレッスン初日にして、これまでの日常でやっていた間違った練習法をズバリ指摘してくださったのです。

まずはライブの本番前はどういう練習してる？　と質問があり、「ハミング練習」と「母音練習」です、と答えました。

歌詞ありで歌ってしまうと声帯に負担がかかってしまうことは自覚していたので、「ハミング練習」でセットリストの全ての曲を歌います。ハミングで歌うと高い声の響きが良くなるのと、音程が取りやすくなるのです（ぜひカラオケでどうぞ）。

それが終わると、「母音練習」。全ての曲を母音だけで歌うのです。たとえば「愛をこめて花束を」だと「あいお　おえーえー　あーあああお」です。これは低音を響かせる感覚でやってました（これもぜひ、カラオケで）。こちらもセットリスト全曲。

「セットリスト全曲」……ここに間違いがあった。

私は失敗を恐れて何度も何度も気がすむまで練習してしまう傾向がある。練習せずに失敗して「あの時やってなかったからだ！」と思いたくない。この恐怖心から、気づけば自分の曲ばかりを練習し（人の曲など歌う余裕がない！）、そうするとだいたい同じような音域ばかりを何度も歌うことになる。結果、酷使した声帯を硬くしてしまっていた、ということが発覚したのです。

子供の頃は運動量も多く、自然と全身の筋肉をバランスよく使えますが、大人になれば運動量も限られ、意識しないと使わない筋力はすぐに衰えて硬くなってしまう。体の一部である声帯を動かす筋肉も使わなければどんどん衰えるようです。

それが私がここ数年悩んでいた声の細さの原因でした。

要するに、老化してました（笑）。三十六歳、ショックーーーー！

とにかく、原因とやるべきことがハッキリしたので、あとはコツコツ頑張るのみ。

声の若返りに必要なのは刺激&緊張。練習曲には、ハワイアン、クラシック、ジャズなど、いつも歌わないようなジャンルやフレーズ、日本のポップスでは使わないような複雑なスケールを使って筋肉に慣れない動きで頑張らせる。さらに、課題曲のキーを変えながら「こんな高さでこんなフレーズ歌うの?!」と刺激を与えます。そして、慣れてきたらまた新しいメニューに変えて、常に新しい緊張感を与える。とにかく筋肉が怠けないように動かすらしい。

他にもたくさんのメニューがあり、週一時間のリモートレッスンを録音し、次の週まで音源に合わせて毎日練習。使った喉はしっかりと休ませることも必要なので週に一度は必ずオフ。ヤッホー!

これが一週間の課題です。

とにかく動かして休ませて、そしてまた動かして……を繰り返し、超回復の原理で強くするのですが……キツイ……。正直、こんなに毎日練習したことはありません(笑)。

でも弱音を吐いてる場合でもないくらい衰えていたので私は頑張ったのです！　何故ならば、初日のレッスンで現状で響かせられる音域の幅をチェックしたところ、2オクターブと11半音しか出すことができませんでした。これまたショック。他のアーティストの方と比べてもかなり狭いらしく、年内で4オクターブを目指すことに……！

もっと楽しく歌える日々を夢見て、雨の日も風の日も、低音から高音まで響かせ続けた！　気分的に憂鬱な日は、踊りながら歌った。クローゼットの洋服をひたすら畳み直しながら歌ってみた。家中のいろんなところを拭き掃除しながら歌ったり。運転中に高音で歌って歩行者に驚かれたこともあった！　練習を楽しめる工夫をたくさんしました。

こうして修業を重ねた結果、メキメキと声が太く蘇ってきたのです。2オクターブしか出なかった音域も、やればやるほど広がる。まるで、光を求めて、少しずつトンネルを掘るような地道な作業。だけど確実に手応えがある。もっともっとトンネルの先を見たい。

レッスンを始めてから数ヶ月、今度は喋り声が変わってきた。自分の声が気持ちよく響くようになって、話すこと自体が楽しくなってきた。さらに修業を続けること数ヶ月、ついにトンネルが貫通。明らかに歌いやすくなった。声の立ち上がりが良くなり、ロック曲も、ハイトーンもパワーがある！！！　そして、音域は目標を通り越して5オクターブ近くまで出るようになった。

その瞬間、自分の心の中で「ライブがしたい！」という熱い気持ちがこれまで以上に湧き上がり、気づけばスタッフに提案していたのです。

ライブしたい！　なんて自分から提案するの、人生初です（笑）。声と一緒に、メンタルまでポジティブになってしまいました。


心と体は繋がっています。

私にとって、声は親友のような存在。

親友が元気がないと共鳴してしまいます。今は親友が元気を取り戻してくれて安心したのか、心の中に閉じこもってたポジティブなエネルギーが外へと飛び出したような気がしています。
声を救ってくれた友人と先生、本当にありがとう。
そして私の歌を聞いてくださるお客さんにも、心からありがとうです。
やっぱ自分の声が世界で一番好きだな！（笑）
大好きなものが自分の体の中にあるって、とてつもなく幸せ!!
アンチエイジングってあんまり好きじゃなかったけど、撤回。
声だけは、アンチエイジングの精神でいきます（笑）。

影響アレルギー

二〇二一年が始まりました。昨年が特殊な年だったので、今年は心が落ち着けるような明るい年にしたいですね。

私にとっても昨年は今までとは違う特別な一年となりました。

こうしてエッセイを書くようになって、日常で考えてることを文章で表現することでいろんな人と繋がれたように感じましたし、オンラインライブでは、いつもと違う環境でのライブを今までと同じように楽しんでもらうにはどうしたら良いのだ?! と想像力を使って温かいライブを作ることができました。

不思議なことに、肉眼で見える距離、感じられる距離にいないのに、私は多くの人と繋がったような気がしています。もちろんインターネットの存在があってのことかもしれませんが、今までよりも、心の繋がりを近くに感じています。生活が変わると自分の心境までも変化・進化するものなんだなぁと興味深いです。

いろんな感覚が変わりましたが、私の中で大きく変わったことの一つに、「アレルギーが治った」ことがあります。

ちなみに、私は今のところ体に関してのアレルギーはありません。数年前の春に鼻炎のような症状が続いてしまって、ついに花粉に負けたか、これから先、音楽活動も大変になるな……とあれこれ先のことを想像しつつ恐る恐る病院で検査したところ、花粉症でもなければ食べ物アレルギーもゼロ、ただの風邪でした。アレルギーゼロというのは結構珍しいらしく、病院の先生も驚きながら半笑いでしたし、私自身も、結果を聞くのが怖いくらい心配していたので軽くズッコケました。分かってはいたけど、やはり驚異的な健康体。

体はなんともない私が、昨年克服したアレルギーとは、心のアレルギーです。名付けて「影響アレルギー」。

私は人から「影響される」ということに、ものすごく警戒心があったのです。自分の中に他者からの刺激が入ると「きたーーーー!!!」とアラーム発生。「影響」を察知した瞬間に、頭の中で「これは受け入れて良い?! 悪い?!」という緊急ミーティングが始まり、散々審議したのちに受け入れても大丈夫なものだけ取り入れるようにしていました。

おそらくこういった症状が出るようになったのは、デビューしてオリジナリティについて考えるようになってからです。それまではどちらかというと、とても純粋というか、単純で、周りの人の良いことにも悪いことにも影響されやすく、吸収しすぎて自分の意志や感性がなんなのか分からなくなるような性格でした。特に悪いことでもないけど、なんとなくそんな自分が好きになれずにいました。

芯のあるアーティストになるためにも、自分の感性ってなに?? はっきりと意見を言わなければいけないけど、そこに強い意志はある?? と自問自答も厳しくなってしまいます。自分の軸がぶれないように、できるだけ周りの刺激を遮断し、自分の世界の中から湧き上がるものを曲にするようにしていました。何かに直接的に影響されて、消化できてないまま曲を作ったら、オリジナルだ！　とは主張できないし、胸を張って活動できないよなぁ……。私の影響アレルギーは日に日に悪化していったのでした。

苦い葛藤の日々でした。

ところが昨年、自宅で過ごす時間が長くなり、人に会うことが少なくなると、なんとなく人の影響が恋しくなってきたのです（やっぱり単純）。

その頃ハマっていた読書も、最初は自分で選んだものを楽しんでいたけど、何冊か続くと、なんとなく自分が普段読まない本を読みたくなりました。そこでふと、自宅に積読《つんどく》してあった『楽園のカンヴァス』という小説を手にとってみたのです。

これは私の意志で選んで買った本ではありません。

この本との出会いは、「一万円選書」です。本屋さんが一万円分のオススメの本を選んで届けてくださるというサービスに応募し、かなりの倍率をくぐり抜け、マネージャーが見事当選。そしてなんと私にその権利を譲ってくれ、届けられた本の中に入っていた一冊。

美術がテーマの小説なので、普段から絵画に触れる機会のあまりない私はなかなか手が伸びませんでした。自分の好きな絵がどんな絵なのか、全く分からなかったからです。だけど、ページをめくるたびに小説の世界観にぐんぐん吸い込まれます。ミステリー要素もあって面白い！　ストーリーも最後まで素晴らしいのですが、私はその小説の中に登場する一人にとても興味をいだいたのです。それはアンリ・ルソー。小説を読むまで、ピカソにも大きな影響を与えたと言われる彼の存在を知らなかったので、ルソーという人の絵はどんなものなのかインターネットで見てみると、「私の好きな画家はこの人だ！！！」と一瞬で心を奪われてしまったのです。一言で言うと、ヘタウマだと思うのですが、そこには純真な心、意志の強さ、不器用さ、ユーモア……隠しきれない人間性が滲みでているような気がしました。これこそアートだ！　と、一日も早く展示してある美術館に見に行きたいと思うものの、そのときは一度目の緊急事態宣言中で身動きが取れず、落ち着いたらルソーの作品がたくさん収蔵されているポーラ美術館に行くんだ！　と心に決めていたのです。

それから数ヶ月後、嬉しいハプニングがありました。ファンクラブの会報誌の特集で私の好きな本を紹介するという取材があり、もちろん『楽園のカンヴァス』を紹介。早くポーラ美術館に行きたいんですよね〜と話してると、その会話を覚えていてくれた編集の方が、次回の会報誌の特集で、ポーラ美術館に取材に行きましょう！　と企画してくださったのです。しかも学芸員の方に絵の説明までしていただけるとのこと。ルソー初心者に、いきなりすごい展開。

取材当日は早朝に家を出発して、箱根へと車で向かいます。まるで大人の修学旅行気分で楽しい。

山の天気は変わりやすいので道中で濃霧に遭遇し、身の危険を感じましたが、それもなんだか楽しい。

霧をくぐり抜ければ、美術館は周りの木々たちに守られるように静かに佇んでいました。空気が澄んでいて清々しい。あぁ来てよかった～と早くも幸せを噛み締めていると、温顔のスタッフの方たちが館内へと案内してくださいました。みなさん、アートを心から愛する素敵な人たちばかり。かなり良い感じのオタクです（笑）。この日は、絵のお話だけ聞けるのかと思いきや、美術館の建築へのこだわりや、企画展が想像以上に時間を費やして開催されていること、学芸員の研究がまるで科学者のようであることとか、美術の世界のプロフェッショナルなお話をたくさん聞かせていただいたんです。未知の世界に私の好奇心はいつになくギラギラしてる！　ちょっと前まで影響されることを怖がっていた私が、今、ものすごい影響されてる！　アレルギー反応も全くなく、むしろ吸収しまくっているではないか！

この時点でだいぶ充実していましたが（おそらく二、三時間は経っている）、まだ美術館に来て一枚も絵を見てません（笑）。ついにメインイベントである絵画鑑賞です。アンリ・ルソーの絵はすぐに私の視界に飛び込んできました。やっと会えた〜！　やはり生で見ても純真な心や不器用さを感じる。そんな隠しきれない個性に、ついつい微笑《ほほえ》んでしまいます。この日、私が新たに見つけた感動は、「描きたい」という強い気持ちを感じたことでした。なぜならば、カンヴァスの中にはかなり緻密に描いているところと、そうでないところがあったんです。そのデコボコした感じがとても人間的で、伝えたいことが浮き上がって見えました。ものづくりをしてると、多くの人に伝えたいと思うあまり、ついつい分かりやすさを意識しすぎて、綺麗にまとめすぎてしまうことがあります。でも、ルソーの絵を見て、「そのままの自分（感性）でいいんだよ」と頭を撫でられたような気持ちになったのです。

ヘタウマなので世間からは酷評されることの多かったルソーですが、自分は天才だと信じていたようです。スタイルを変えることなく描き続け、その強い信念が世界中の誰もが知ってるピカソに大きな影響を与えることになるなんて……。信じる気持ちって最強。

この体験から、私は肩の力が抜けたような気がします。自分の感性を大切に日々生活していると、いろんなことがポジティブに転がるのです。アンリ・ルソーから、とても素敵なメッセージをもらいました。

こんな風に影響アレルギーを克服した私ですが、昨年を振り返ると、誰かに影響を与えてもらってばかりでした。

今回のルソーとの出会いも、「一万円選書」の中に『楽園のカンヴァス』が入ってなければ、なかったかもしれない。会報誌の企画でなく、一人で美術館を訪れたとしたら、スタッフの方のアート愛に気づけなかったかもしれない。前回のエッセイで書いたボイトレの先生も、友人の紹介。ボイトレをしていなかったら、年末に『紅白歌合戦』で自信を持って歌えてなかったかもしれない。昨年から始めたこのエッセイも、お誘いを受けたもの。最初はちょっと不安だったけど、書くことだけではなく、自分の考えを話すことまでも楽しくなって、いろんな人と深く繋がれたような気がしています。

なんて受け身な一年間！　何一つ自分からアクションを起こしていませんせん（笑）。

でも、今はこれがとてもポジティブなことだと胸を張れます。

外の世界を遮断して自分だけで何かを追求するのも楽しいけど、誰かに刺激されながら過ごす毎日も、どこまでも続く地平線のように広がりがあって感動する。

今年もまた、自分一人では辿りつけないようなワクワクを探しに、いろんなものに影響されてみようと思っています。

私もまた、良い影響を届けられる人であるために。

断捨離できない

引っ越しをしようかな、なんて思い始めて、なんとなく家にあるものを整理しようとあれこれ手に取ってみたら……全然片付けられない！　というか、捨てられない！

基本的に私は物欲があまりないタイプなので、あれが欲しいこれが欲しいっていうふうにはならないし、収集癖みたいなものもないんです。必要最低限で生きているな〜って改めて家の中を見渡してみても思います。でも、第三者の目で今の私の家の中を見たら、きっと余計なもので溢れているようにしか思われないでしょう。

そう言えば、子供の頃によく家族から、「それをどうして持っているの？　いる？」って怪訝《けげん》な顔をされたものです。

モノって不思議なもので、その価値は一律じゃないというか。その人によって変動するから面白いですよね。高価かそうじゃないかが価値ではない。例えばいつかどこかの海で拾った貝殻にその人の思い出が詰まっているのだったら、それはものすごく大切なモノだし、その超個人的な感じに私はすごく魅かれたりします。

音楽もそうですよね。ヒットチャートや売上枚数だけでは音楽そのものの価値は決して測れないですから。だからモノの価値はその人にとっての「一点モノ感」なのだと思います。私の曲も誰かの記憶のフォルダになっていてくれたらこんなにうれしいことはありません。曲に出会うのが、リリース直後の最新の状態ではなく、ずいぶん時間が経過して何かの拍子に「いいな」って思ってくれたのだとしても、そこにその人の思い出がちょこんと乗っかってくれたら、その曲は新しい命を吹き込まれたことになります。

そう考えると、ひとつひとつのモノは過去の記憶のフォルダのようになっていて、自分の記憶がそのモノの形を宿してそこにあると言えるのかもしれません。

いつからか、ちょっとした旅行とかドライブとかに行ったりした際に、土産物屋さんで必ずマグネットを買うようになったんです。ほら、その土地のランドマークの写真やイラストなんかがものすごくわかりやすく商品になっているやつ。いかにも、ザ・土産物、みたいな（笑）。あれを買っちゃうんです。それまでは、どうしてそんなの買うの〜？　なんて思ったりもしてたんですけど、今ではマグネットこそその時の思い出を蘇らせるスイッチになるんだと思うようになりました。

そんなふうに思えるようになったのは、あるタイミングからでした。

何年か前に初めて長期間のお休みをいただくことがあったんですけど、そこでようやく日常生活と向き合うことができたんですよね。わけもわからず上京して、がむしゃらにやっているうちにデビューが決まって音楽を仕事にするようになり、とにかく右も左もわからない状態で、言ってしまえば人の後をついていくように生きてきた数年間だったので、自分の身の周りのことを振り返ったり、じっくり考えたりする余裕がほとんどなかったんです。

ポッカリと時間ができて、そこではたと考えることになりました。「私の好きなものって何なんだろう？」って。

ひとつひとつ確かめるように、「この感触は好きだな」とか、「これは苦手だな」とか、「これがそばにいてくれたら元気が出ちゃうなー」とか。そうやって、〝好き嫌い〟や〝いるいらない〟を自分の中ではっきりさせていきました。

断捨離というのが一時期ブームのようになりましたけど、モノを捨てるという実際的な意味での断捨離には私は向いていません。なぜなら捨てられないから。でもそれは、今私にとって必要なモノに囲まれて生活しているからなんだと捉えています。というのも、お休みの期間に、私は無意識に断捨離的なことを行っていたんですよね。それはもっと精神的なものに根差した線引きのような気もしますし、抽象的なものかもしれないんですけど、とにかくそこで一度、私なりの心の整理をかなり大規模に行ったんです。だから、捨てられないモノが多いのは仕方がないんです……って、なんだろう、書いているうちにどんどん整理のできない言い訳が募っていくように感じるのは（笑）。

かといって、志帆さんってモノを大切にされていてすごいですねって褒められると、それはちょっと違うと言いますか……。もちろん大切にしようとは思っていますよ。私は古着が大好きで、前の持ち主さんが大切に着ていたものを私がしっかり預かります！　っていう感覚で着ています。ただ――洋服ではそういうことはあまりないんですけど――モノが消えてなくなることがあるんですよね～。つまり、失くしちゃうんです、はい。これは非常に困っています。あんなに目立つところに置いてあったものが、どういうわけか消えているんですよね。

今でも一番心に引っ掛かっているのは、母がおばあちゃんから受け継いで私に譲ってくれたリングを失くしてしまったこと。モノ自体の価値としてもきっと高価なものだろうと思うし、それ以上におばあちゃんから受け継がれてきたということで、絶対に大切にしようって思ってたのに……。ある時母から、リングの鑑別書が出てきたから送るねっていう連絡をもらった時に気づいてしまいました。あれ？　ない……、どこへ行っちゃったんだろ？（汗）　家中を探しましたが見当たりません。きっと、外で落とすか忘れるかしてきたに違いない。母に正直に打ち明けると、とても悲しそうでした。その体験があってからというもの、より一層モノを大切にしなければいけないと肝に銘じたのでした。

今持っているもので、一番古くからあるのは、保育園の時から使っている水色のホチキス。「おちしほ」って名前が書かれているのがとても可愛くて、これはもうここまで一緒にいたんだから、ホチキスとしての機能が使えなくてもずっと持っていようと思っています。それで、リングの時の苦い経験から、私はホチキスとは適度な距離をとるようにしているんです。あまり大切にしようって意識したら、どこかへ消えてしまいそうだから。あなたのことはあまり気にしてませんよっていうよそよそしい感じを装いつつ大切にしています。

ユーズド偏愛

小さい頃、洋服といえばお下がりでした。

あまり新しいものを買ってもらったことがありません。私服も、制服や学校で使うあれこれも。

少しは羨ましいなーと思うこともあったんだろうけど、そこまでネガティブに感じてなかったな。むしろお下がりが好きだった。そういう意味でちょっと変わり者だったかもしれません。

ダメージがある感じとか、型崩れとか、なんか愛くるしいな。なんて思ってい

新潮社
新刊案内

2023 4 月刊

街とその不確かな壁

まるで〈夢読み〉が図書館で〈古い夢〉を読むように——封印が解かれ、深い魂の物語がよみがえる。6年ぶりの長編小説、1200枚！

村上春樹
4月13日発売
●2970円
353437-2

厳島

最強の智将・毛利元就vs.山陽道一の忠臣・弘中隆兼！「戦国三大奇襲」のひとつ、厳島の戦いで繰り広げられる感動の人間ドラマ。

武内 涼
4月19日発売
●2530円
350644-7

2023年4月新刊

村上春樹の本

西暦は単行本の刊行年です。
書影は最新刊以外、文庫版になります。

1984年

螢・納屋を焼く・その他の短編

1985年

世界の終りとハードボイルド・ワンダーランド

早逝した女優をめぐる四人の男。華麗なる長編

輪舞曲《ロンド》

朝井まかて

愛人兼パトロン、腐れ縁の恋人、火遊びの相手、生き別れの息子。早逝した女優をめぐる四人の男たち――。万華鏡のような長編小説。●825円

121632-4

元警察キャリアにしか書けない究極の警察ミステリ

新任警視 上・下

古野まほろ

公安警察vs.武装カルト教団。25歳の若き警察キャリアは未曾有のテロを防げるか。二重三重の騙し合い、究極の警察ミステリ。●935・990円

100475-4,76-1

全部ゆるせたら いいのに

一木けい

102122-5

新潮文庫 4月の新刊

※表示価格は消費税(10%)を含む定価です。出版社コードは978-4-10です。

カラスは飼えるか

松原 始

頭の良さで知られながら、嫌われたりもするカラス。この身近な野鳥を愛してやまない研究者が、カラスのかわいさ、面白さを熱く語る。●649円

104541-2

無駄な殺生はするな。でも殺る時は躊躇するな

邦人奪還
―自衛隊特殊部隊が動くとき―

伊藤祐靖

北朝鮮軍部がミサイル発射を画策。米国によるピンポイント爆撃の標的付近には、日本人拉致被害者が――。衝撃のドキュメントノベル。●737円

102962-7

新潮ことばの扉

教科書で出会った名作小説一〇〇

石原千秋 編著

こころ、走れメロス、山月記、ごんぎつね。懐かしくて新しい〈永遠の名作〉を今こそ読み返そう。全作に深く鋭い「読みのポイント」つき!●649円

127454-6

大ベストセラー『スマホ脳』のジュニア版が登場

ました。

過去を振り返って、今の古着への偏愛は必然だったのかも?!　と思うと嬉しくなります。


好きなものへのこだわりも強かったのかもしれません。

小さい頃、ピアノの発表会におばあちゃんお手製ドレスで出演しました。それは、全体的に薄いピンクのレースをあしらった……激甘ドレスでした。私は物心ついた頃から、女の子が好むであろう可愛いキャラクターや色味に全く興味がない。当時、母が寒色系を着せていたというのもあるのかもしれないけど、そもそも、ガーリーすぎるものやフェアリーなものには見向きもしませんでした。地味に天邪鬼《あまのじゃく》だったと思います。

おばあちゃんお手製ドレスのクオリティには脱帽でした。ただ……あまりの甘さ加減に、デザインの段階で相談してくれたらよかったのに！　なんて不貞腐《ふてくさ》れてしまいました。一生懸命作ってくれたので着用してステージに臨んだけれど、ピアノが上手く弾けるかどうかよりも、この激甘ドレスはアリかナシか？　の方がよっぽど気になっていた思い出があります。

おばあちゃんとは一緒に住んでいました。本当に手先の器用な人で、しかも、おしゃれな人だった気がする。洋服をたくさん持っていたし、自分なりのおしゃれを楽しんでいたと思う。家から少し離れた病院へ行く時も、防寒なのかおしゃれなのか首にスカーフを巻いたりしてました。

定期的に美容院に行って、白髪頭にくるくるパーマのスタイルを維持していたし、いつもかけてた大きい眼鏡もアイコニックで可愛かった。シワでごつごつした指に押し込んだような指輪も、体の一部みたいでかっこよかったし、外出時には小さなバッグを斜めがけにして歩いてた。私がゴツイ指輪を収集してしまうのも、何も入らないであろう小さなバッグをいくつも買ってしまうのも、きっとおばあちゃんへの憧れなんだろうなぁ。その他にも、私のクローゼットには彼女が持っていたようなアイテムがたくさん潜んでいます。

周りから見れば、よくいるおばあちゃんファッションだったかもしれないけど、私にはおしゃれをするということがとっても素敵に感じられました。

あ、長々とおばあちゃんのことを書いたけど、今回語りたいことはおばあちゃんの話ではないです。

私の古着愛についてです！　うっかり彼女の話で三〇〇〇字を埋めるところでした（汗）。

さて、そんなおしゃれなおばあちゃんと暮らしてた私ですが、本気で洋服に興味を持ち始めたのは二十歳くらいです（遅っ！！！）。それまでは、周りの女の子のように洋服自体は好きだったけど、流行りにも興味はないし、ブランド物を所有したい欲もない。そうなると、私の好きなスタイルって何？　何を着ればいいの？　という感じで過ごしてきましたが、古着という世界に足を踏み入れて以来、幸せな沼にハマっています。

当時六〇年代～七〇年代の音楽を好んで聞いていたので、その時代のカルチャーにも自然と興味が湧きます。ヒッピーカルチャーや、ハンドメイドやタイダイ柄、ベルボトムやロングのボサボサヘアー。写真集や当時の映像を見るたびに、「この年代の人のスタイルって、かっこいいな！」とファッションは少しずつそういったスタイルに傾倒していきました。そして、松山のある古着屋さんに出会ってから、特定のジャンルではなく、古着自体が好きで、古着がとてもクリエイティブなものなんだと気づかせてもらったのです。

そのお店は数年前に閉店してしまいましたが、当時の松山の古着屋さんの中でも異色で、飛び抜けて上質で上品。コスチューム色の強いものも扱っていたので、かなり上級者向けだったように思います。

なので、存在は知っていて気にもなっているけどなかなか入れないみたいなモジモジ期間を経て、ある日勇気を出して入ってみました。迎え入れてくれたのは、センター分けストレートロングヘアーの女性。印象的な大きな目にはブルーのアイシャドー。お人形のようなオーナーさんです。そして彼女の古着の着こなしを目の当たりにして、素敵！！！　と感激してしまいました。確か、GUNNE SAXのようなロマンチックなドレスを着ていたと思うのですが、全く甘くない。古着だからといってコスプレではなく、他のアイテムでバランスをとって、自分の体にも、今の（時代の）空気にも、馴染んでいるのです。私のピアノの発表会のドレスの着こなしとは大違い（笑）。

その日から足繁く通うようになった私は、その日の彼女の着こなしを見るのが楽しみに。古着特有のダメージや色落ち、洋服のウンチクを聞きながら試着するのも至福の時なのです。

とても刺激的だったのはコーディネートの発想。何色だか判定できないような派手柄パンツも、離れて見た時になんとなくブルーに感じたらブルーパンツ！と解釈してトップスを選ぶ。型崩れしてしまったカーディガンも、ハズしたい時にちょっと肩を落として着るとクールだよ、など。自分がカッコイイと思えばなんでもアリ。それはポリシーがないということではなく、自分が探してきた洋服を我が子のように愛《め》で、（長所も短所も）熟知しているからこそ、こうじゃなきゃだめ！　なんて否定的な気持ちがない。こういう頭の柔らかい人、大好き‼

発想が豊かになるヒントを頂いてから、私も柄オン柄のコーディネートは大得意です！

変な形のお洋服も、大歓迎。多少ハードルが高そうなアイテムだったとしても、直感的に好きと思ったものには何かご縁があるはず。迷わず購入してクローゼットに寝かせて毎日眺めたり風を通したり、話しかけたりもします（変態か。笑）。数年後に自分の体にしっくりハマるタイミングが来たりするので、不思議。なので私のクローゼットには十五年以上一緒に過ごしている洋服たちがたくさんいます。手放すと必ず後悔したり、ウジウジ思い出したりしてしまうので（今も思い出すとちょっと泣きそう）、できるだけ手放さないように修理したりリメイクしたりしてキープします。

デリケートな面があるのもいいところ。古着は、動きやすさや過ごしやすさでいうと新品には劣るので、傷つけないように引っかけないように……、と慎重に行動するようになります。替えが利《き》かない一点物なので帰宅するとすぐさまジャージ（！）に着替えていた私ですが、最近は自宅でも身に着けるようになりました。そうすると自然と所作が変わるのです。なんというか……ゆっくり動くようになる（笑）。さらには、着物を身に着けた時のように背筋が伸びる感覚を味わっています。魔法をかけるように一瞬にして気分を変えてくれる、洋服の力はすごい。

それにしても古着を着ているとなんだか懐かしい、新しいお洋服よりも親しみがある。それはやっぱりお下がり歴が長いことにあるのかな。小さい頃は、姉か近所のお姉さんの物だったんだろうけど、今や世界中の名前も顔も知らない誰かからのお下がり。ずいぶんスケールが広がったもんです。名前も性格も知らない誰かから、空を超え、時代を超えて譲り受けたのかと思うと、身がひきしまります。

そして古着屋さんに行くとなんだか元気になる。それは店員さんの醸し出す空気感にあると思う。古着歴約十六年（お下がり歴も入れるともっと長い！）、いろんなお店に足を運びました。その経験からわかったことは、素敵なお店には素敵な店員さんがいるということです。彼らの着こなしに、所作に、全てが表れているんです。言葉を発しなくても、その人の考え方、人柄がにじみ出てる。ファッションってコミュニケーションなんだなと感激してしまいます。

彼らは、我々の想像を超えた壮大な買い物に挑み、数えきれないほどある選択肢の中からこれだ！　と思うものを選び抜かなければならない。これってとてもパワーのいることで、自分の軸がしっかりしてる人じゃないとできないと思うんです。本当にかっこいいお仕事。

私たちの生活も、選択の連続ですよね。

時々、周りのムードに流されそうになって自分の意志の弱さに落ち込む時もあるけど、古着を身に着けた瞬間、背筋がピシッと伸びて、私が私に戻る。

それはきっと、バイヤーさんが一つ一つの洋服に込めた信念、パワーも一緒に纏っているからだと思います。やっぱりファッションはコミュニケーションなんだなぁ。


古着は奥深くて面白い。

まだまだ私の知らないたくさんの魅力があって、これから時間をかけていろんな魅力に気づけるのかと思うと、この沼からなかなか抜け出せそうにありません。

凝り固まった頭は柔らかく、乱れた心はフラットに。

私が私でいられる、古着は最強のパワーアイテムであり、古着屋さんは永遠のパワースポットです！

答えのないこと

今日は、私の中で答えが出ていないことを書いてみようと思います。

コロナ禍で始めたこのエッセイ執筆も、はや一年が経ちました。いつも答えを持って書き始めているかと言われるとそうでもなく、書いているうちに答えらしきものが見えてきて、お、ここが着地点か???　と何となくしっくりきたところで締めさせていただいております。

いつもと同じだから安心して良いよ、と自分に言いたいところですが、今回はいつもより自信がない。謎のプレッシャーを感じております。

いわゆる見切り発車ですが、行き先を決めず、ものは試しに筆を走らせてみようと思います。

答えが出ていないこと。それは旅についてです。

主に海外旅行についてです。旅の楽しみ方って本当に人それぞれ。まるで体質みたいに違うし、旅の中で、どんな心の動きがあったのか、思い出話を聞いてもわからない。

これが正しい旅の楽しみ方です！　というものはなく、その時盛り上がっていたら正解なんだろうけど、ついつい自分らしい旅の手応えを追求したくなるというか、次は、さらにいい旅にするぞ!!　そんな風に決意するのです。旅は旅友と行くことが多いので、くだらないことを話しては爆笑しっぱなしで、間違いなく楽しい。ただ、場所は確かに移動したけど、東京での生活と同じ安心感に包まれてる気がして、異国の地で孤独の風をしっかり浴びる旅もいいのかな、なんて思うこともあります。

自分なりの旅がしっくりこないのは、単純に旅経験が少ないからなのかなぁ。

越智家は農家なので、とても忙しく&父が出不精というのもあって、家族旅行の思い出がほとんどないのです。記憶にあるものといえば……キャンプ。以上。

夏休みになり、いとこが遊びに来ると、出不精な父はキャンプに関して前のめりな姿勢を見せる。

何を隠そう我が父は、釣り大好き、焼けた肌は筋肉ムキムキ。正真正銘の、海の男なのであります（農家だけど）。

宿泊はホテルではなく……浜辺でテント。または海沿いの施設。食事は美味しいレストランなどではなく、潮風でベタつく肌に煙を纏わせながらのバーベキュー。遊んだり、感動したりするものといえば……海。以上。ストイックだ、ストイックすぎる。

ある年の夏（おそらく小学五、六年）、恒例の海の生活に飽き飽きしていました。あまりにも暇。これといってやることもないので、諦めて一日中海に浮かんでいました。海の上から海に沈む夕日を見届け、それなりに感動して地上に戻った瞬間、全身が痛い！　日焼けのレベルを通り越して、火傷《やけど》。お風呂に入るのも、パジャマに袖を通すのも、何をするにも全身が痛い。しかも私は日焼けした後に赤くなって可愛い～みたいな感じではなく、焦げ茶色になってしまうタイプです。男顔なので、見た目がたくましすぎる。それ以来、海と日焼けは恐怖です。

小さい頃は、自然に触れるよりも、知らない街を見たかったし、他の地域の文化に驚きたかったんだと思います。大人になった今、海を眺めながらお酒や食事を楽しむことが大好きになったし、最高の贅沢だと思えるけど（実は私も海の女なのであろうか……）、当時は「知らない世界」が気になって仕方がなかったのだと思います。四国という島国だから、余計に知的好奇心が刺激されていたのかもしれませんね。

高校生になり、バイト代が貯まるとたまに友人と大阪に遊びに行ったりしてました。船で……（笑）。移動手段も宿泊方法も家族に相談したことはなく、全部自分たちで手配していたのです。誰にも聞くことができないので、自分で答えを出す。気合い一発でした。私ったら、日焼けしていなくても、なんだかたくましいですね。そうしてなんとか辿り着いた大阪は、同じ国なのに言葉も街の空気も違う。十代の私にはいろんな意味でいい刺激だったと思います。その頃から、次の旅は◯◯しよう！ と旅の方法のアップデートを考えていたので、旅の楽しみ方の答え探しは随分前から始まっていたようです。

知らない世界を見たい！ と思う私ですが、いざ出発となると急に不安になるんです。たまに、なんらかの事情でキャンセルにならないかな、なんて思ったりします。なったらなったで嫌ですけど！（笑）

そう言えば最近、こんな会話をして自分でドキッとしたことがあったんです。知人に「志帆ちゃんって海外旅行好きだよねー？」と聞かれ、「あ、そうですねー好きですね、結局」。こんな返答をしてしまったのです。少し沈黙があって、私も知人も「結局？？？」と驚いてしまいました。完全に無意識で「結局」と言ってしまったけど、無意識だからこそ、これが私の本音なんだと思います。

遠いところに旅するってなんだか怖いんです。長時間の飛行機が揺れそうで怖いから？　見知らぬ土地に行くから？　英語が苦手だから孤独を感じる？　チコちゃんと離れ離れになるから？（それはかなりある）

想像できる理由は多々あるのですが、実は私が強烈に怖いと感じる瞬間は、現地に行ってGoogle Mapsで現在地を見たときなのです。興味本位で地図を見て、日本からこんなに遠く離れた場所にいるんだ?!　と自覚した途端に、地球の巨大さや海の広大さに圧倒されてしまうというか……自分を塵みたいにちっぽけに感じて、風が吹けばすぐにでも飛ばされてしまうんじゃないかと思うほど、心細くなる瞬間があるのです。

数年前、人生初の遠征旅行となるスペインを訪れた時に強烈に感じました。これまで感じたことのないホームシックのような感覚。自分の住んでいる場所から離れることで、同時に地球の大きさ、宇宙の無限を感じてしまうようで、その恐怖をじんわり感じたまま旅をしているので、帰国すると即脱力です。お土産を眺めながら思い出に浸り、怖かったけどちゃんと楽しかった！　ということを確かめてホッとするのです。数ヶ月経ったら、さて次はどこに行こうかな〜なんて想像します。怖いけど、好きみたいです、結局。

実はこの恐怖心、海外だけではなく国内を移動してる時にもあります。ツアー中にも時々感じるので、興味深い感覚だなぁと観察しています（少し冷静）。

遠い国が怖いくせに、昨年はじめ、よりによってモルディブに行ってしまいました。ここはGoogle Mapsで確認したくないくらい、現地にいるだけで怖かった（笑）。海の中にポツンと置かれた小さな島の中だけで過ごしたのですが、波が荒れようものなら島は消滅しそうな勢いです。これまたじんわりと恐怖心を抱きながらの毎日でしたが、そこで私を癒してくれたのはホテルのスタッフの人たち。レストランは島に三つしかないので、ある程度滞在してると顔なじみになっていきます。

ほとんどのゲストはカップルや家族で、食事が終わればお部屋に戻っているようでしたが、私は旅友とレストランの閉店まで入り浸っていたりして、気づけばスタッフの人とおしゃべりするようになっていました。もちろんこちらは片言英語。これが楽しい。そもそもなんでここで働いてるの？　とか家族はどこにいるの？　など、気になることを質問攻めです。

仲良くなったスタッフは、まだ二十三歳で、学生時代に知り合った女性と結婚して、奥様は妊娠中とのこと。島のホテルには住み込みで働いていて、奥様と会えるのは月に数回。なんとも愛おしそうに話すので、会えなくて寂しいんだろうなと思うと泣きそうになりました（笑）。いい話を聞いたのもあるけど、片言しか話せなくても、こうやって現地の人とお話ししてると旅行特有の恐怖心が和らいでいきます。素敵な景色を見て感動することでも、買い物を楽しむことでも、美味しいものを食べることでもなく、人と会話することで自分の存在を確かめられる。誰かがいるから、私がいる。自分が塵のようで、風で吹き飛ばされそうだと思っていたけど、ちゃんと地に足をつけて日本にいるときと同じように存在してるということを感じるのです。すごく嬉しい気持ちになりました。

そういえばロンドンに一人旅した時、電車に乗り間違えて駅員のおばさんに怒られたのですが、訛《なま》りもきつくてうまく聞き取れず何度も説明してもらったんです。その時も、私が状況を理解できた時、さっきまでイライラしてたおばさんが両手を上げて喜んでくれて、妙なコミュニケーションだけど心が通じ合った気がして、嬉しかったな。

さて、行き先を決めずに書き始めましたが、これが私の旅！　という答えには辿り着けませんでした。でも答えがないからこそ私の知的好奇心は刺激されるのかも。答えがない、というのは、無限の答えがある、ということなのかもしれませんね。これからも私の知ってる場所と知らない場所を行き来しながら、自分なりの旅を見つけたいと思っています。

それより、いつ海外旅行できるようになるんでしょうね？？？

私の次の目的地は、イタリア！

早く行きたいな〜〜！

私を見つめる私の小さな瞳

何がきっかけでプロのアーティストになろうと思ったんですか？

そう訊かれると、私は困ってしまいます。

なぜなら、「よし！　プロを目指そう！」って明確に決めたことがないから。

例えば、誰かの作品やパフォーマンスに憧れて自分もプロになりたいと思ったんです、というのはわかりやすいですよね。でも私の場合は——もちろん、大好きで憧れのミュージシャンの方はたくさんいますが——そういう雷に打たれた系の経験が実はないんですよね。

じゃあ自然と歩んだ先がプロだったのか、と言われたら、それもまた違うような気がします。小さい頃からお家にはジャズが流れていて、知らない間に音楽が身近にあったんですよね的なエピソード、憧れる～（笑）。私の家はフツーの家庭でしたから、いくら記憶を振り絞ってもそんなのは出てきません。

おそらく、普通の家庭で育った人が普通に音楽に接するのと同じように、私と音楽との距離もごく一般的なものだったと思います。

最初に音楽っていいなぁって認識したのは、小学生の頃です。ピアノのレッスンに母の運転する車で行っていたのですが（すごい田舎なので、どこに行くのにも基本車なんです）、その車中で母がカセットテープに録音した自分の好きな音楽を流すんです。槇原敬之さんとかユーミンさんとかカーペンターズとか、そういうポップスが中心でした。特に印象に残っているのが、ユーミンさんの「Hello, my friend」です。その曲を聴きながら、ポカポカした陽気の中をなんでもない田舎の風景が流れていって、小学生ながら何となくロマンチックな気分に浸っていたのを覚えています。光の加減とか温度とか、曲の中に記憶がそのまま仕舞い込まれています。

そして、Mr.Children の「【es】～Theme of es～」と、そのB面に収録されていた（8センチ CDシングルでした！）「雨のち晴れ Remix version」も私の中では忘れられない曲になっています。これは、二歳年上の姉の部屋にあったもので、姉がいない時に勝手に聴いていました（笑）。妹あるあるですね。その、ミスチルのシングルを延々リピート再生しながら、これまた姉の持ち物だった『Oh! my ダーリン』という少女漫画を読むのです。幼なじみで同じ高校の教師と生徒というあり得ない設定の胸キュン恋愛ストーリーなんですけど、どういうわけかミスチルと合うんです！　漫画のクライマックスともいえるシーンに「【es】～Theme of es～」のサビが合わさろうものなら！　またこの曲が、シングルとしてはちょっと渋くて、でもドラマチックで、とにかくいいんですよね。B面の「雨のち晴れ Remix version」も大人な曲で、どちらも今でも大好きです。

ユーミンさんの例もミスチルさんの例も、私の場合は音楽を音楽として聴いているというよりも、音楽が風景や他の表現と合わさったときに生まれる化学反応みたいなものに魅かれていたのかもしれませんね。それは今でも、私が自分で曲を作る場合のある部分のベースというか、私が作った曲を誰かがそういうふうに個人的な何かの〝主題歌〟として使ってくれたらいいなっていう感覚があったりします。

実はもうひとつ、小学生の時の体験としてはっきり覚えていることがあります。ただしそれは、具体的な曲にまつわるものではなく、音楽のエピソードとしてはすごく曖昧なものではあるのですが。

小学校低学年の頃の話です。たまたまついていたテレビが『NHKのど自慢』を映していたんです。その時の出演者のうちの誰かが「世界中の誰よりきっと」(中山美穂&WANDS)を歌っているのをぼんやり見ながら、こう思ったんです。

「私はこの中に入るんだろうな」と。

のど自慢に出るってことではなくて(笑)、ただ漠然と、けれど直感的に、私はいずれそっちにいることになるんだろうなって思ったんです。

これって何かの啓示？　いや、その時は小さかったのもあって、それきり特に何も思わなかったし、誰かにそのことを言ったりもしませんでした。で、先ほども触れたとおり、ごく普通に音楽と接し、それから大学に入って多保（孝一）くんに出会いました。彼はとにかく目標にまっしぐらな人で、私がやろうとしていることはプロのアーティストがやることなんだっていうのを気づかせてくれました。そこからあれよあれよという間に上京、デビューが決まり、さらにクネクネと曲りくねった道のりを歩みつつ、今、曲がりなりにもプロのアーティストとして思うのは、作品に魂がちゃんと注入されているかどうかが大事なんだなということです。自分が納得して生きていることが良い音楽につながるのだと思います。

音楽ってある程度は作れてしまうものなんです。それなりの知識や経験があれば、こういう音やコードを選んで、こんな言葉をつけて、みたいな感じで。知識や経験ももちろん大切です。でもそれは、お洋服みたいなものだと思うんですよね。大事なのは、こういう気持ちがあるからこの服を着たいんだっていうこと。

それが表現するということだし、伝えるということなのではないでしょうか。だから、もっともっと内側に目を向けないといけないなって思う日々です。

たまに、歌を歌っていると、自分の体から心がぽーんとはみ出していると感じる時があります。自分を超えている感じ。そんな時は、うまいとか下手とか、そういう次元ではなく、そこに〝いい歌〟があるんだと思えるのです。でも、そういう状態になるにはどうすればいいのか？　料理のレシピのようなものはありませんし、体のどこかにスイッチがあればいいんですけどね。

だから、いい歌とかいい音楽っていうのは、これだ、ということが言えないんです。どこにあるのかわからないながらも確実にあるということだけは知っている――そんな幻のようなものを追い求めているのかもしれない。

どうして音楽をやるのですか？　音楽を続けられるモチベーションはなんですか？

そんなふうに訊かれることもあります。もちろん充分には答えられないんですけど……。でも、正直に言えば、それは子供の頃にテレビを見ていたら、私はいずれそっちの世界に行くんだろうなっていう直感がどこからか来たからだ、というのが私の中で一番納得のいく答えなんです。それは「どうして生きているんですか?」という質問と同じで、もう生きてしまっているから、そうと決まっているから、だからやめる理由はどこにもないんです。

プロになろうという決断をしたことがない私は、もしかしたら主体性のないまま来てしまったのかな……と考えることもありました。けれど、あの時に私は将来の私と約束をしていたんでしょうね。無知で純真で無垢な私の小さな瞳がいつでも私を見ていてくれる——だから私は歌い続けるのだと思います。

「かっこいい」のタネ

普段何気なく使ってますよね、「かっこいい」っていう言葉。でも、ふと思うんです。「かっこいい」って何だろう？　って。外見のこと？　洗練されたふるまい？　あるいはスポーツ選手のプレイを見て思わず口にしたりもしますよね。

もちろん、いろんな感情をひっくるめての「かっこいい」なわけですが、ジャストで「かっこいい」というのはどういう状態のことなのか、はたして何を意味するのか、というのがだんだん気になって、ソワソワしてきました。

そこで、私のなかで限りなく「かっこいい」としか表現できない、つまり他の言葉に置き換えられない二人の人物を例に挙げて考えてみようと思います。

まず一人目は、ミック・ジャガーさんです。ご存知の通り、ザ・ローリング・ストーンズの絶対的フロントマンにして、世界的ロックスターのミックです。一九四三年生まれですから、二〇二三年には八十歳！　いまだに現役のバンドマンというのがもう、かっこいいとしか言えないですよね。

そもそも私、おそらくですけど人生で最初に「かっこいい」と口にしたのは、ミックを見た時だった、というのはほぼ間違いありません。ストーンズのライブを映像作品で見たのがミックとの出会いだったのですが、彼がステージ上で歌う姿や魔物にでも取り憑かれているんじゃないかというくらい型にはまらないむちゃくちゃなダンスをする姿は、正真正銘100％の「かっこいい」でした。凄まじいエネルギーを放っているんですよね。そのエネルギーが映像作品なのに生々しく伝わってくるんです。他のどんな人とも違う、ミック・ジャガーでしかありえない佇まい、表現が彼自身のなかからあふれんばかりに放出されていました。

ミックのすごさは、そのかっこよさが年齢を重ねても全く減らないということです。だから見かけではないんですよね。内側にあるもの、それを輝かせる術《すべ》を彼なりのやり方で持っているということがミック・ジャガーという稀代のロックスターをつくっているのだと思います。

だから、誰も真似できないんですよ。みんなミックみたいになりたいんです。でも、当たり前ですけど、誰もミックにはなれないんです。私はそこに「かっこいい」のヒントがあるのではないかと思います。つまり、ミックはミックしか持っていないかっこよさを最大限輝かせているのだとしたら、私たちも何か違うかっこよさを持っているはずだと。かっこいいのタネとでも言うんですかね。それはみんなのなかにあるんじゃないでしょうか。

あーあ、ミックみたいにはなれないなぁ……。そうやって諦めた時に、どう思うかでかっこいいのタネから芽が出るか出ないかは決まってくるような気がします。誰かに憧れ続けて真似をしてみたけど、全然違うふうな感じになっちゃって、けれどそれがむしろその人らしい、みたいなことになっていく。それがオリジナルなのではないのかなと私は思うんですよね。最初からオリジナルな表現を持っている人はいないかもしれないけど、みんな最初からオリジナルではある——そこに気づくかどうか。もっと言えば、どこかで憧れの存在と自分を重ね合わせることを諦められるかどうか、なのではないでしょうか。その時に、かっこいいの花が咲くはずなんです。それはきっと、自分の思いもよらない形や色をした花なんだと思います。もしかしたら、こんなの人に見られるのも恥ずかしい……というようなものかもしれない。でもそれが紛れもなく私たちそれぞれの花なのです。その花を愛《め》でて育てること、その様を人が見た時に「かっこいい」と思うのではないでしょうか。

そしてもう一人が、夏木マリさんです。マリさんとはプライベートも含めて仲良くさせていただいているんですけど、憧れます。マリさんのかっこよさは、無邪気なところだと私は思っています。何に対しても好奇心全開で受け入れる力が強い。それって要するに垣根がないんですよね。マリさんって、私の両親と同年代だったりするんですけど、お話をしていても全くそんな感じがしないんです。まるで同い歳の友達としゃべっているみたいな感覚になるんですよ。単に年齢を感じさせないということではなくて、ご自身の花を咲かせているということだと思うんですよね。

何かを他人と比べる必要もないし、自分の興味の向いた方向にポジティブに進んでいく。マリさんを見ていると、そんな爽快なオーラを感じます。マリさんは無限。時空を超えている。これは私のなかで揺るがないマリさんに対するリスペクトです（笑）。

ミックもマリさんも、かっこいい。そしてこの二人に共通しているのが、自分（と自分のやっていること、自分の好きなこと）に対する絶対的な信頼感なのだと思います。それは何も、ものすごく自信を持っているということだけではなくて、自信がない部分も含めて丸ごと自分を愛せているか、ということです。そして、自分を愛することができれば、周りの世界も愛するようになれるはずなんですよね。かっこいい人というのは、思いきり夢中になって自分を生きているから自分も周りも傷つけない究極の優しい人なんじゃないかと思っております。

最近私も母になって思うのは、全世界の全母、かっこいい！　ということです。どんなに疲れていても体が動いてしまうんですよね。そんなことはこれまでなかったんですけど、母の底力を実感している新米母です。

あと、そうそう。私はドキュメンタリー作品が好きで、例えばテレビ番組だったら、『プロフェッショナル 仕事の流儀』とか『情熱大陸』とかをよく見ては元気をもらっているんですけど、その中に登場する人たちってみんなかっこいいですよね。自分自身にキチッと向き合っている人たちばかりで。

そういうふうに考えると、「かっこいい」というのは特別なものではないんだなと思います。無邪気に信念を持って、それをいかに持続していくことができるか。もちろん、そうすることは難しくて、だからそのための努力をしないといけないんですけど。でもひとつ言えるのは、自分以外の誰かを目指した先にたどり着くのが自分自身であるという壮大な回り道——それが「かっこいい」の唯一のルートなのかもしれません。

ちなみに。Superfly ってどんな意味か知っていますか？　アメリカ英語のスラングで〝超かっこいい〟を意味する言葉なんです。そう言えば、中学生くらいの頃、誰に頼まれてるわけでもないのに自作曲を作ってはせっせとテープにダビングして友達に渡したりしてたなあ（汗）。でも私にとって、音楽をやるというのは、その時から誰に頼まれることもなくやってしまう無邪気な場所から出てくるものなんです。それは今でも変わっていません。だからこのまま続けた先に「かっこいい」があるのかもしれない、そう信じています。

映像監督・越智志帆

約一年間、文章を書くというお仕事を体験させていただきました。

最初は指定された文字数に驚愕し、たじろぎ……心の中にじんわりと不安を抱えたままのスタートでしたが、今ではすっかり執筆タイムを満喫しています。その結果、原稿の文字量は回を重ねる度にオーバーし、しかもどんどん長くなっている……。なんと図々しい……!!

何気なく感じた日々のあれこれが、文章へと生まれ変わっていく。

毎日を注意深く見つめてみれば面白いことがたくさん潜んでいて、改めて、日々の暮らしこそがアートなんだと気付かされた、とてもいい時間です。

楽しく続けさせていただいたこのお仕事、実は今回が最終回なのです……。

毎月読んでくださったみなさま、ありがとうございました。


新しい習慣は新しい変化をもたらしてくれます。

こうして文章を書くようになって、予想しなかった手応えがありました。なんと、コミュニケーションの苦手な私が、誰かとの会話が好きになったのです。

これは私にとって、大事件です！

私はシンガーのイメージを持たれることが多いのですが、密かに作詞・作曲もしています。

全曲ではないですが、作詞に関しては持ち歌の多くの楽曲に携わっています。

なので、自分の感じたことを言葉で表現することには慣れているはずなのに、
昔から自分のことを話すのが苦手でした。言葉を伝え合う生き物としてこれは致

命的だ……と思いながら過ごしてきた三十七年（長い）。いつか克服したいと思うポイントでした。自分のことを話すといっても大げさなことではなく、最近見た映画や、自分の近況、自分の考えなどなど。とても身近なことであり、何気ない会話なんです。

内弁慶なので、すごく仲のいいお友達や家族には安心して話せますが、ちょっと仲良しだね、くらいのレベルだと自分の感じたことを自信を持って表現できないので聴き手に回ることが多かったのです。誤解のないように言っておくと、人の話を聴くこと自体はすごく好きだし、刺激的。みんなおしゃべりが上手だなーって感心して楽しませてもらってばかり。でも、自分はつまらない人間なんだという思いこみから、結局は逃げるように聴く側に回っていた。というのがより正確なところだったんでしょうね。

本当はとことんアウトプットしたいんです。感じたことは誰かに言いたい、伝えたい。共感したいし、笑い合いたい。上手にアウトプットできないというのは、新陳代謝がうまくいってない状態と同じ。言いたいことが表現できないということは、想像以上にストレスだったんです……。

エッセイを書いてみて、「歌詞と文章」には「写真と映像」のような違いを感じました。

歌詞は写真と似ています。情報量も少なく、瞬間的。一曲に詰め込める文字量にかなり制限があるので、言えることにも制限ができて無駄を省かなければなりません。歌詞はメロディでもあるので、歌ってない時間だってある。無駄を切り詰めたたった三分ほどの曲に何も発信してない時間、無言の時間があるのです。本当に言いたかったことは行間に託して聴き手に委ねる。多くを語らないスタンスが、かえってスマートに、言いたいことを伝えてくれることが多いように感じます。それが歌詞のギミックであり面白さなんじゃないでしょうか。

エッセイは映像に似ています。それも、ドキュメンタリー映像。常にカメラがあって隅々まで撮られている感覚です。見られたくない恥ずかしい部分も容赦なく追っかけてくる。そこには、自分でも気付かなかった口癖や所作がしっかり記録されていて、見返してみると、そんなポンコツな自分がなんとも恥ずかしい。全然スマートじゃない。

エッセイって、かっこつけたくてもかっこがつかないんです。

それこそがエッセイのいいところ。

そんな、かっこのつかない自分にフォーカスできたことが面白かったたし、飾らない自分を表現できたことがとても心地よかったのです。

作詞だけではなく音楽活動をしていると、どうしてもかっこよく見せることにフォーカスしがちですが、それって意外と簡単です。バッチリメイクして、ビシッとした衣装を纏い、すましていればいい。できるだけ無駄を省いてストイックに洗練していけばいい。それを貫くことも素晴らしいことだけど、整えられすぎたものって、逆に味気ないというか、物足りなく感じます。かっこいいの中に隙を作ること、かっこいいの中に敢えてダサさを残すこと、このさじ加減がセンスであり、個性であり腕の見せ所です。かっこ悪いからかっこいい何かに憧れを抱く。かっこ悪いって、とても人間らしくて、いい！

エッセイにおいて、映像監督もカメラマンも私。隠したいと思う部分があれば誤魔化せばいいし、映さなければいい。ちょっと勇気のいることでしたが、毎日何かに悩んだり怒ったり、空回りしながら過ごしてる日常の私を映し出すことで、私自身も自分の人間くさい部分を実感することができました。だからカメラを止めることなく日常の一部を表現できて、本当に良かったです。

小心者な私、誰かの妹であることや、犬の口臭に悩んだこと、剛毛であること、コツコツ実験好きであること、十四年以上歌ってるのにボイトレに夢中なこと、お下がりが好きなこと、影響を受けやすいこと、遠いところへの旅行が怖いこと……。

エッセイを書き始めてから、いろんな感想をいただきました。「それ、私も思ってた！」みたいな共感の声もたくさんありました。中でも嬉しかったのは、「面白かった」という声をいただいたことです。これは歌詞や曲の感想ではいただいたことのないもので新鮮だったということもありますが、私はいつも、日常で起きる諦めたくなるような大変なことも、落ち込みそうなことも、どうやったら面白がりつつ打開できるか?! とあれこれトライしながら過ごしているので、そんな気持ちが伝わったのかなと思うと、心の深いところで誰かと繋がれたような気がして嬉しかったです。

こうしてありのままの私をお見せすることができましたが、それにしても、「隠さない」ってラクなものですね。

逆に言えば、何かを隠していて心が負担を感じてしまってることってたくさんあるんだろうなと思いました。

最近、外出時にマスクは常識になってしまいましたが、初対面の方とのコミュニケーションに戸惑うことはありませんか？

先日プライベートで知り合った方がマスクを外したお顔を初めて見ました。マスクを外す瞬間、ちょっと恥ずかしそうに外すので（笑）その姿が可愛いなと思うのですが、お顔の半分がマスクで覆われている時は目と髪型の印象しかない。マスクを外した瞬間、「おぉ、そんな可愛いお口をしていたのか！」と、意外に思うこともあって、顔の全体像を再認識するまでに少々時間がかかったこともありました。私もマスクを外す瞬間って恥ずかしいです。顔、浮腫《むく》んでたらどうしようとか、鼻水出てたらどうしようとか（笑）。

恥ずかしいわけじゃなかったのに、「隠すから恥ずかしい」が生まれることもあるんですね。

考えてみると、自分の何気ない行動にも、ついつい何かを隠したせいで恥ずかしく感じるようになったことってたくさんある。

テレビのお仕事などでガッツリメイクが続くと、シミのあるすっぴんを見せるのがだんだん恥ずかしくなってしまいます。小粒なお目々を晒すのもちょっと抵抗があります。

小柄な私が服を選ぶ時は、フルレングス＆ボリュームのあるものを身につけることが多いのですが、稀にスタイリストさんにタイトなパンツを勧められると、めちゃくちゃ恥ずかしいです。素足などはもってのほかです！　全身に布を纏うこと自体は好きですが、周りの視線を気にして、自信もないくせにデコルテや腕など肌を見せてはならぬ、という思いが頭をよぎっています。世界中が裸族になったらそんな心配しなくなるのかな（笑）。数日間お試しで、肌を隠すことなく露出して過ごしてみても面白いかもしれませんね。案外何も気にならなかったりするのでしょうか。恥ずかしいとかではなく、寒いからヤダ！　となりそうな予感もします（笑）。

……なんて、最終回もオチのない話をダラダラと楽しく書かせていただきました。

書くことと同じように、オチのないお喋りも大好きになったんです。

このエッセイを読んでいる方の中にコミュニケーションが苦手な方がいたら、ぜひ、文章を書いてみてほしいなと思います。

文章を書くことは、セラピーです。伝えるレッスンです。

自分の言葉は、心を可視化してくれて、味方になってくれる。きっと心の新陳代謝を促してくれるはずです。

あなたも自分のことをもっと好きになれるはずです。


さて、これで月に一度のドキュメンタリー映像のお届けは、おしまいです。

どこかでまた、ちょっとかっこ悪い、すっぴんな私をお見せできたら良いなと思っています。

もちろん、かっこいい私も。

それでは、ありがとうございました。

映像監督・越智志帆

特別書きおろし

母になること、私であること

ママになりました。

人生で何度も起きる出来事ではないと思うので、少しずつ記録してみようと思います。

はじまり

今は臨月。予定ではあと一週間～二週間の間には我が子とご対面の予定です。

小さい頃から結婚願望も母親願望も、あまりピンときてなかったタイプ。世間でいわれる適齢期がきても家族に急かされることも心配されることもなかったので、結婚も遅めでした。

一つのことを長い時間かけて考えたり、落ち込んだり喜んだり、感情の揺れが忙しい性格だし、不規則な仕事をしてるので、こんな私が誰かと結婚して家庭と仕事を両立できる自信もありませんでした。いつか仕事が一段落して、五十歳を超えたころ素敵なパートナーに出会えたりすると素敵だな〜、なんて。

そんな私が、思ったよりはやくパートナーに出会うことができて、今からママになろうとしている……。

人生何があるかわからない。

妊娠を意識し始めたのは、結婚して二年目くらいのこと。

結婚前に一年以上休養期間をとっていたので、しばらくは音楽活動に専念すべく、アルバム制作とツアーをやりきりたいと思っていました。無事スケジュールをコンプリートし、いわゆる妊活期間に入ろうとした頃、世界中がコロナウイルスで大パニックに。その時私は三十六歳。そして、二年後には Superfly の十五周年イヤーが待ち構えている。あぁ、体が二つあったらいいのに!! 何度思ったことでしょう。

できるだけスムーズな妊娠を望んでいたけれど、気軽に病院に通える状況ではなくなってしまいました。

ひとまず一年くらいは自然妊娠で奇跡が起きるのを期待していました。だけど……ぜんぜんダメ。とはいえ、もともと生理不順な私は、なんとなくそんな気もしていました。

昔から生理が重めなんです。けっこう健康志向なタイプだと思うけど、それも、この毎月やってくる生理に悩まされるのが辛くて心身ともに調整してるようなところがあります（というと大袈裟だけど、大半は趣味です）。

私にとって生理は地獄なのです。

特にツアー中は恐怖。声にも影響するし、下腹部の痛みはなんとも強烈。ツアーの移動中でも気絶しかけて迷惑かけたこともあります。何よりメンタルがガクッと落ちてエネルギーが体から抜けていくような感覚があって、とにかく気が弱くなるんです。特に前の月に緊張やトラブル、何かしらのストレスがかかると、生理期間の私はかなり不安定になる。ツアーが始まるとカレンダーとにらめっこしては常に生理予想を立てているのです。

おそらく、ストレスが体に影響しやすいタイプなんだと思います（メンタル弱い！）。

ということでコロナが少し落ちついた二〇二一年二月頃に、初めて病院へ相談に。

いつも、婦人科に行くのはなんとなく気が重い。喉の不調以外で病院に行った経験もあまりないので、なんとなく怖い。でも、診察室の扉を開けた途端、「こんにちはーーー！」と、とっても明るく元気な女性の先生に出迎えてもらえて、ホッとしました。自然妊娠が厳しい気がしてること、十五周年イヤー中までになんとか叶えられたら……と思ってること、とにかく今感じてることを話しました。

先生は優しく頷きながら「まずは不妊の原因を探ってみましょう！　一緒に頑張りましょう！」とおっしゃってくださいました。

一、二ヶ月ほど様子を見てみたら、不妊の理由は私にありました。

幸い、子宮自体に原因はなかったけど、妊娠のためには手術を受ける必要があった。人生初の全身麻酔による手術。怖い……。

そして、この手術をしてしまうと、私の妊娠手段は体外受精のみになる。

ということは、子供を作るか作らないか、欲しいのか欲しくないのか、そんな判断や覚悟をしなければならなくなる。本当はそんなこと考えたくもないし、言葉にしたくもありませんでした。

もともと母親願望が強くなかった私は、何度も何度も自分に問いかけました。

世の中を見渡しても、子供が安心してのびのび成長できるような環境かというと、そうは見えない。過酷な環境とわかっているのに、新たな命をこんなにも厳しい世界に送り出すことが果たして正解なのだろうか？　子供が欲しい気持ちって、エゴなの？？？　と、随分悩んだけど、大好きな仕事のスケジュールを考えると、もし子供を持てるのならチャンスは今しかない。目が回りそうになるほど、ぐるぐると考えを巡らせた後、難しく考えずにもっとシンプルに、家族が増える暮らしと現状維持の暮らし、どっちがワクワクするか想像してみたら、家族が増える暮らしでした。

そのワクワクを信じて、手術、そして不妊治療に取り組むことを決心しました。

手術は無事成功。そして、不妊に関する問題点は、手術をしたおかげで解決できたので、体外受精は幸いにも一回目で成功しました。

お腹の中で心音が確認されて「おめでとうございます」と言われた時は、涙が溢れました。ホッとしたのと、お腹にもう一つ心臓があるという不思議、感動、驚き……手術が報われた安心……。先生がこれからのことを説明してくれてるのに、全く頭に入ってこない。自分がこんなにも妊娠を望んでいたんだと改めて気づかされます。

妊婦生活

さぁ、ここから妊婦生活の始まりです。

最初の数ヶ月はまだまだ不安定なので、本当に安静に過ごしました。

小さな小さな命に、毎日「お腹の中でしがみついててね」と祈る日々。

歩く時も衝撃を与えないようにそれはそれはゆっくりと歩く。

お腹に力を入れることも避けなければならない。くしゃみするのもビビる（ちょっと心配しすぎ）。ボイトレも少しだけお休みしました。

体調も精神的にも比較的安定していました。ただ、とても疲れやすいし、眠い。

妊娠一、二ヶ月で、お腹の中で猛烈に細胞分裂が行われて、もう一人、私以外の誰かが必死で生きようとしてる。一人の体を二人で分け合って使っていることがわかります。

眠いと感じると「あぁお腹の中で大きくなってくれてるんだ」、眠かったり疲れたりすると「お腹のためにも休んであげなくちゃな」と体をいたわるようになったのも大きな変化。

妊娠する以前は、少々疲れていようが眠かろうが無理させていたので、心と体の声をしっかり聞くべきなんだなぁ、出産を終えても心がけたいなと思ったり。

意外と余裕がありました。


そんな数ヶ月を過ごし、いよいよつわりが始まります。

家系的に、吐きづわりでげっそり痩せてしまうという体質ではなく、どちらかというとお腹が空くと気持ち悪くなってしまう「食べづわり」やどれだけ寝ても常に眠たい「寝づわり」が多い。私も同じように妊娠期間中は太りやすいに違いないと思っていたけど、そういった症状でもありませんでした。

一般的にイメージするつわりの症状でもなくて、なんなんだかよくわからないつわりを味わいました。

匂いでこれがダメ、というのもなく、酸っぱいものが食べたいわけでもなく、吐き気もない。

ただジワ～ッと胸焼けが続くのと、何を食べても常に後口が悪い。これを食べればスッキリする、という解決法もない。一度口の中が気持ち悪くなると、一日中続くのです。

甘いものを食べると必ず後悔しました。

後口が強烈に悪くなる。

もともと甘党なのでちょっとショックだったけど、自然とカロリーが低いものを摂取するようになったので想像してたよりも太らなかったし、赤ちゃんにとっても悪いことではないのでよかった。

ある時、口の中の気持ち悪さのストレスがピークになりました。

いっそのこと刺激的なものを食べてみればどうにかなるんじゃないかと思い、「てりやきマックバーガーセットが食べたい！」と宣言して猛烈な勢いで買いに行ったこともあります（周りから見るととってもゆっくり歩いてたと思いますが……）。

ストレスに刺激で打ち勝とうとしたけど、食べて十分後に後悔。撃沈。

もう、何をやっても胸焼けする。もう降参だ。ひたすらふて寝をして時間が過ぎるのを待っていた記憶があります。

とはいえ、後口の悪さと胸焼けくらいで済んだのはおそらくめちゃくちゃ軽い症状だったはず。

入院してしまうような重いつわりの方は、終わりが見えず、もっともっと辛いですよね。私のレベルで弱音を吐いてはならないと思うけど、やはりそれなりに辛かったんです、はい。

つわりの症状って、本当に人それぞれなんだなぁと興味深かったです。周りにこのタイプのつわりになった人がいなかったので、インターネットで検索しまくりました（笑）。

安定期

いわゆる安定期がやってくると自然とさっぱりしてきた。安定期、最高！

でも胸焼けは怖いので味の濃いものや甘いものは引き続き警戒心でいっぱい。

仕事に関しては、この頃までは自宅作業中心。遠隔で新曲のアレンジを進めたり、オンラインでミーティングをしたり。徐々にスタジオ作業も増えてくるけれど、コロナもあって、自宅で過ごす時間も増えて本当に助かりました。

七ヶ月目に入った十二月二十八日にはドキドキの妊娠発表。お腹も目立ってきてインスタグラムの投稿などに気を使いすぎるのも良くないと思い、早めの発表でした。

個人的な出来事がニュースで取り上げられて驚いたし、いろんな方が祝福してくださって……(涙)。みんな優しい。ありがとうございました!

さて、出産までにできることをやっておこうということで、じわじわと忙しくなっていきます。新曲(「Voice」「Love & Peace Again!」「ダイナマイト」「Presence」)の作詞、歌入れ、アレンジのやりとり、二月三月は、バースデー企画の収録や『SONGS』収録、MV撮影三本、インタビューなどなど、妊娠前でもやったことのないお仕事でカレンダーはどんどん埋め尽くされる。現場に出るときは「よし、今日もよろしくね、頑張ろうね！」と声をかけて臨みます。このころになると、胎動も始まり、歌入れのときはおとなしく、誰かの演奏を聴いてるときは激しく動くので、面白い。スタッフやミュージシャンのみんなにポコポコ動くお腹を見せたり触ってもらったり。こんなにも自分のお腹を触ってもらうのって、妊娠期間だけだよな、と不思議な幸せな感覚の日々でした。

現場時間が少し長くなると、お腹が張って痛い感じはあったけど、痛みというのはあまりにも個人的すぎて、どこからが危険な痛みなのかがわからないのが厄介です。毎月のドキドキの健診の時に、もし張りを感じても必ずしも張り止めのお薬を飲まなければいけないわけでもないと言われていたのもあって、お守りとしてポーチに忍ばせておいたままで現場で飲むということもありませんでした。

でも、お腹の赤ちゃんはスクスク大きくなっていたし、私も体調がいい。毎回いつも問題なく帰宅できてる。

一緒に歌ったり作ったり、感動したりしてる気がしてワクワクするし、作る作品のクオリティもどんどん上がるので楽しい。今までで一番お仕事を楽しめてる実感もありました。

充実感が続いて晴れやかな気持ちのまま、健診に向かったある日のこと。

突然、先生から「切迫早産です」と告げられました。

安定期に入って安心した途端、ハードに動きすぎて、重力がかかり、赤ちゃんが生まれようとしてるとのこと。

その頃まだ三十三週。赤ちゃんの肺の機能はまだ作られてる途中だったので、入院はせずとも絶対安静を条件に自宅で寝たきりの日々となってしまいました。

またやってしまった……。私はいつも心の底から楽しみすぎてしまうと、自分が無理をしていることに気づかず、目の前のことに熱中してしまう……。思い返せば、体力的にキツいタイミングはいくつかあったのに、大丈夫だろうと思い込んで頑張ってしまっていました。

今は小さな疲労の積み重ねであっても敏感になるべき妊娠期間だというのに、

過信してしまった。油断していたわけではないけど、手術やつわりなど、これまでずっと張りつめていた糸が少し緩んでしまった。私の知ってる安定期の妊婦さんはバリバリ働いてる人が多かったから、そういうものだと思っていたけど、やはり誰かと比べたりするものではないですね。

いいタイミングで健診があったからよかったものの、ドクターストップがかからなければ赤ちゃんに危険が及んでいたかもしれない。猛省。

ということで、三月までのスケジュールを少しやり残したまま、ほぼ一ヶ月、子宮に重力をかけない、ほぼ寝たきり生活が始まってしまいました。

寝たきり生活

最初の一週間は気絶したように爆睡しました。疲れが溜まっていたようです。どうやら私はちょっとしたことでも緊張しやすいらしい。そしてそれが体に影響する。生理の時と、同じです。妊娠してすぐ、心と体の声をもっと聞くべきだって気づいたはずなのに、すっかり忘れてしまっていた。情けない気持ちで胸が張り裂けそうな寝たきり生活。

妊娠してからも基本的には続けていたボイトレも、腹圧をかけないために再びお休みせざるを得ず……声帯の筋肉は動かし続けなければすぐ弱くなってしまうので、こちらもまたやきもきです。

携帯を見たり、お仕事のやりとりをするのも気が張ってしまうので極力控えめに。あんなに楽しくお仕事してたのに、悲しいな。いろんな人に迷惑をかけてしまいました……。

ただ、しっかり休んだことでカチカチだったお腹も柔らかくなって、ほっと一安心。でもまだ、お腹の張りはある。二週間、三週間経っても先生からのお許しは出ない。

落ち込んでばかりいても仕方ない。ちょっと早い産休に入ったと思ってリラックスしようと、久々にじっくり本を読みました。「Spectator vol. 47　土のがっこう」や『くらしがしごと　土着のフォークロア』など、私はこういった自然を感じる本を読むと本当に幸せな気持ちになる。自分の心が正しい位置に戻る感じがする。

とはいえ、この環境に慣れてきたけど、寝たきり生活にはあまりにも時間がある。

日中は窓を開けて心地よく本を読むことであっという間にすぎていくけど、夜は長い。自然とテレビを見る習慣がつきました。一人暮らしを始めてからすっかりテレビを見なくなっていたけど、ちょうど放送してた『ミュージックステーション』3時間スペシャルとか『CDTV』とか、「へぇ～こんなアーティストさんが活躍してるんだぁ～」って、浦島太郎のような気持ちで楽しめました。サッカー観戦、グラミー賞。そしてなぜか、Netflixで放送が始まった『テルマエ・ロマエ ノヴァエ』をコンプリート（これがとても面白かった!）。

今までは、ついつい何かを得ようと見たり聞いたりしてたけど、リラックス目的で見聞きする方が面白いと感じたり、思わぬ出会いがあったりしていいものですね。

大変な時期だったけど、こんなときも気づきがあるなんて、思ってもみなかったです。

そして四月四日には「Voice」がリリースされて、いろんな方に聞いていただけたことも嬉しかったです（リリースの日、iTunesで一位、泣きました。ありがとう！）。

私の寝たきり生活により血流がアップし、気づけばお腹の赤ちゃんは巨大化し、いつ生まれても良い状態にまで成長していました。がしかし、今度は私の体の出産準備がペースダウンしてしまった！　重力をかけずに過ごしたせいで、出産に向けた体の準備が追いつかなくなったのです。なんともちぐはぐな状況。

出産は、母親と赤ちゃんの絶妙なコンビネーションによって可能になるものなんだなぁ。

重力をかけましょう

寝たきり生活を続けること約一ヶ月。ついに普段通りの生活をしてＯＫのお許しが出ました。ばんざい！　自由の身！　と両手を上げて喜びたいところだけど、むしろ今度は重力をしっかりかけるために動きましょうと告げられる。なんと極端！　赤ちゃんの通り道ができる前に陣痛や破水が来てしまうと大変。

この日からは、止めたままにしてしまったお仕事をこなしたり、せっせと家事をしたり。怠けぐせのついた体はすぐ休もうとするけど、頑張って動く！　横になるより座る、座るより立つ、を心がける。そんな中、巨大化したお腹は容赦無く私の腰や坐骨を刺激してくる。重くて結構辛い……（笑）。

久しぶりに外を散歩しようとして驚いたことがありました。

歩いてるだけで、とっても怖いのです。自転車が飛び出してくるかもしれない、せり出したお腹に誰かがぶつかってくるかもわからない。転んじゃいけない。外の世界は危険でいっぱい！　赤ちゃんを守ろうと反射的にお腹に手を当てている自分に気づきました。

自分の中に守るべきものがいる。私の中に、母性がほんの少し育った気がしました。

あとは陣痛を待つのみ。

これが、なかなかこない。

切迫早産と言われ寝たきり生活を続けたおかげで、今度は赤ちゃんがお腹の上の方に戻ってしまった！　そんな中、陣痛のようなものは毎晩十時頃にやってくる。十分おきになったら病院に連絡してくださいと言われていたけど、なぜか毎晩十分おきに痛みの波が来る。でも一時間くらいすると、遠のいていくのです。ある日、おしるしのようなものが来て、かつ、けっこうな痛みが続いたので、流石《さすが》に病院に電話してみると、先生に診てもらえることになり、急いで車で病院へ向かいました。ついにこの日が……?!　長かったような短かったような妊娠期間が走馬灯のように蘇る。大変なこともあったけど、思い切って本当に良かったと何度も思った。こんな体験ができるなんて、感謝でいっぱい。でも、それももう終わり……寂しい気持ちと嬉しさで涙が溢れて、目の前の信号の景色もぼやける(運転はしてません)。

病院に到着し、診察室まで痛む大きなお腹を抱えてゆっくりとゆっくりと歩く。が、しかし……先生に診察をしてもらうと、まだ赤ちゃんは全然降りて来られていない。

えー勘違いだったのーー?!

もうちょっと様子を見ましょうということで、トボトボと帰宅することになったのです。

あのドラマチックな感動は、あの涙はなんだったんだ(笑)。

そんな私の思いをよそに赤ちゃんは私のお腹の中でどんどん大きくなる。

私の体のサイズからするとあまり大きすぎると負担がかかるし、産後に歌を歌うためにも帝王切開だけは避けたい。

先生といろんな状況を相談して、結局、計画無痛分娩での出産となりました。日にちが決まったので少しは気持ちが楽になったけれど、まだ何がいつ起こるかわからないので入院準備を始めながら出産予定日を待ちました。

入院の数日前から母が愛媛からサポートに来てくれました。

ここ数年は実家に帰るタイミングというと正月くらい（コロナで帰省できず、会うこと自体二年ぶり!!）。久しぶりに、実家で食べていた懐かしい母の手料理を口にして感動です。十八歳から一人暮らしを始めたので、いろんな思い出が蘇ります。母の出産エピソードを聞いたりして、貴重な時間を過ごせました。

心身ともにチャージされ、いよいよ入院の日がやってきました。

家族に見送られ病院へ。

さて、子宮口はどのくらい開いているだろうか。

……二センチしか開いてない。そこで、バルーンを設置して開かせることになりました。噂には聞いていたけど、これがまた、激痛！　痛みや違和感はあるけど、明日の出産に備えて眠らなければ。

いよいよ本番

出産当日の朝がきた。

バルーン効果で、早朝の診察で四センチ開いていました。夕方出産を目指しての計画分娩が始まります。

「今日はよろしくお願いします！」といつものとおり明るい先生。先生に会うといつもこちらまで明るくなる。

まずは麻酔チェックから。

なんと、いきなり麻酔がかかり過ぎてしまった！　足が痺れる。そして動かなくなった。さらにまさかのこのタイミングで陣痛が始まってしまう。でも麻酔がかかり過ぎてるので全く痛みが感じられない。モニターでは確実に波形が激しくなっていました。

だんだん気持ちが悪くなってくる。酸欠状態です。

同じく、赤ちゃんも苦しそう……。

ベッドを少し起こして体を休ませました。

そうすると麻酔をかけた影響で、さっきまで来ていた陣痛が遠のいてしまいました。


三十分後にもう一度麻酔。

今度は成功！

無痛分娩とはいえ、陣痛の痛みはしっかりあります。強かったり弱かったりを繰り返す……。「痛みを感じたら我慢せずに言ってくださいね」と先生や助産師さんは病室を一旦出た。

時々激痛を感じたけど、今まで経験した生理痛の激痛バージョンと似ていたので陣痛のピークがわからずしばらく耐えてしまいました（私の生理痛は陣痛ばりに痛かったんだということが発覚。笑）。何分？　何時間？　耐えたか分からないけど、かなり強い痛みを感じ始めて、ピークが来ると「ああああああ！」痛みを逃がすために大きな声を出さざるを得ないところまで強くなってきました。様子を見にきた助産師さんが、慌ててチェック。「しっかり開いてます！」そのまま分娩室へ運ばれました。

もうちょっとでゴールだ！

いよいよ本番。

「痛みのタイミングに合わせていきみましょう」

「はい！」

と返事をしたけど、え、そういえば、いきむって何?!　麻酔がかかり過ぎて余計に感覚が掴めない。

思いのほか赤ちゃんの頭が大きく、それに比べて私の産道や骨盤が狭く、先生は必死に産道を手でこじ開ける。すごい力だ！　私の方は、いきむ感覚が掴めないまま。

何度かトライし、少しずつ摑めてきた。程よく痛みを感じる程度の麻酔になってきたので、よし、この痛みを感じるところへ、痛みを力に変えて意識を集中させよう。

頑張っていきむ。先生も助産師さんも全力でサポートしてくれる。

これを何度も繰り返し、赤ちゃんが少しずつ動き始めた。

その時、酸素量が減って赤ちゃんピンチ！　私も急いで吸入器を装着。

だんだんコツが摑めてきたので痛みに合わせていきむことができるようになってきました。

それから赤ちゃんと先生と私のタイミングを合わせていく。回を重ねるたび、みんなのタイミングが合っていく。「頭が見えてますよ！」という言葉を聞くたび、力が湧いてきました。ここから急激にお産が進んでいることが自分でもわかった。それまでゆっくりペースだったので、分娩室には私と先生と助産師さんしかいない！　慌てて他のスタッフの方を呼び込んで猛烈なスピードで準備を進める。
赤ちゃんはもうそこまできてる！　「もう出る！　出る！」私がそう叫んで、最後にいきんだ時、助産師さんが耳元で「もう大丈夫ですよ！　力抜いてくださいね！」と言ってくれた。その瞬間、温かいものが体の中からすり抜けていきました。

「オギャー！」

スタッフの方にとり上げられた赤ちゃんは、小さな手と小さな足を大きく空に広げて、力強く宙に舞った。
光を浴びながら、大空に羽ばたく鳥のように逞しく美しかった。
そのあとスタッフの方が私のお腹の上に赤ちゃんを乗せてくれました。

あったかい……。

全身が溶けるように涙が溢れる。

「下手くそでごめんねぇ」

泣き笑いしながら何度も頭を撫でた。


三一〇〇グラム、五〇センチの男の子。

お腹にいたのは、君だったんだね。

妊娠した時も、安定期に入り忙しく活動してた時も、何度も頼もしいと思った。私のお腹の上に赤ちゃんが乗せられた時、全く同じことを感じたことに驚きました。

私なんかより、ずっとずっと強い。


お産は一人でするものだと思ってたけど、先生や助産師さんのサポートなしでは絶対に不可能でした。十ヶ月間、いつも明るく励ましてくれた先生に本当に感謝です。

初めての出産。ヒヤヒヤする瞬間もあったけど、私のお腹の上にやってきた赤ちゃんの温もりは絶対に忘れないと思う。

とても感動的でした。

今は四ヶ月になった息子。手探りの毎日ですが（お産の時同様、謝ってばかりの毎日ですが。笑）、笑顔を見るたびに力が湧いてきます。

自分の中にこんなにもエネルギーがあったのかと思うほどです。

知らなかった世界に飛び込んだような感覚です。

新米ママとして、シンガーとして、これからも新しい毎日を楽しみたいと思います。

こんな個人的なことを書いてしまっていいのか、少し悩んだ瞬間もあったのですが、妊娠・出産を体験してみて、一人一人全く違うそれぞれの経験があるということを強く感じました。そして、もっともっとそれを知ることのできる機会があればいいなとも思いました。

安産の方もいれば、難産の方もいる。

一人も同じなんてない。

世界中分の1の経験として、書き記してみたくなりました。

最後まで読んでくださって、ありがとうございました。

ドキュメンタリー

2023年　4月15日　発行

著者／Superfly　越《お》智《ち》志《し》帆《ほ》

発行者／佐藤隆信
発行所／株式会社新潮社
〒162-8711 東京都新宿区矢来町 71
電話　編集部 (03)3266-5611
　　　読者係 (03)3266-5111
https://www.shinchosha.co.jp

装幀／新潮社装幀室
組版／新潮社デジタル編集支援室

編集協力／谷岡正浩（THE NORTH HILL）

印刷所／大日本印刷株式会社
製本所／大口製本印刷株式会社

乱丁・落丁本は、ご面倒ですが小社読者係宛お送り下さい。
送料小社負担にてお取替えいたします。価格はカバーに表示してあります。

ISBN 978-4-10-355031-0 C0095

本書のご感想をぜひお寄せください。

読んでくれて、ありがとうございます！
何気ない日常が、こうして本になるなんて不思議です。
1つでも好きなエピソードがあったら嬉しいな。
今日もすてきな1日になりますように。

幸あれ！

Superfly
44